U0135581

看圖 **飆股**

抓飆股

飆風戰法

短線飆派軍團長
張銘忠 著

「**1-2-3 進擊戰法**」出擊後

人氣**NO.1** 財經網站專欄版主

幾年**實戰經驗大爆發**

飆股就在你身邊

理周集團執行長　洪寶山

　　台語俗話說：「江湖一點絕，講破不值錢。」軍團長的這本《看圖抓飆股：飆風戰法》，不只講出了如何看懂K線的訣竅，更要帶你在股海賺大錢。

　　另有一句話：「要說到你懂，說到鬍鬚都打結。」就是要把一個道理說清楚，是一件相當不容易的事，在軍團長的這本新書中，也用了非常淺白的文字，帶懂讀者了解他的選股策略。

　　軍團長在書中說到：「幾乎所有的參與交易的人，都窮盡一切之力量、傾其所有之努力在找尋如何穩定獲利的要領與方法。但所讀理財書眾多、方法更多，旁門左道或有幾分可用，但卻難登大雅之堂。那究竟要怎樣循規蹈矩，學會什麼方法才能賺到錢呢？」

　　這本書著重在「關鍵重點」、「關鍵方向」與「關鍵要領」，「關鍵價位」是股票將形成走勢時的關鍵點，也是交

易時的判斷點,適用於實戰,該怎麼做?看完書,就會學得一身好功夫。

會買股票,更要懂得賣股票,而該買在什麼價位、賣在什麼價位才能取得最大獲利,這就是個人的真功夫了。在這本新書中,軍團長公開其獨家祕笈——川流戰法,教讀者一步步學會如何看圖抓飆股,並彈性運用川流戰法結合底部四型態的分辨,抓住底點轉折的時機點。

軍團長在書中利用個股的範例,加上線圖,兩相搭配、清楚解說,教讀者一眼看出會「漲」的股票,各種飆股訊號一目了然。

買股票獲利是每個投資人的夢想,但根據統計,大多數的散戶卻以賠錢居多。因為散戶比不過大戶,大戶上面還有三大法人,再上面還有政府,最核心的還有公司派,散戶就像是股海中的小蝦米,如何和大鯨魚,甚或大白鯊搏鬥?想要以小搏大、取得勝利更是難上加難。

但,「難」並不代表沒辦法,自己做好基本功課是最重

要的。《理財周刊》創辦的初衷就是如此，希望能藉由雜誌的傳播，讓廣大的投資人能快速也精準的掌握股市動態，建立自己的投資邏輯。

每個星期，藉由編輯部和投研部不斷地交流與研究，判斷出經濟趨勢、產業前景，以及個股動向，幫助投資人先做了股市資訊的整理，去蕪存菁，將最好的呈獻給讀者。只要用心閱讀，「書中自有黃金屋」就會成真。

亂世出英雄，在景氣動盪的年代，如能找出蓄勢待發的飆股，漲幅一定可觀，這是太平盛世不可能有的機會，難得躬逢其盛，除了抱怨景氣差、投資環境不好外，更要積極去挖掘投資機會。勤讀此書，找出飆股，為自己創造財富，你一定可以做到！

賺錢沒有捷徑，唯「勤」而已。

按圖索驥，一窺股市美麗風貌

大眾證券投資事業處副總經理　張智超

　　如何學習一套有系統邏輯的交易方法，並能正確的去應用它，還經過證券投資市場中無情的驗證洗禮後，而能在股票市場中獲得正報酬或穩定的收入，一直是投資人夢寐以求的理財夢，然而，在股市周而復始的循環考驗下，總會淘汰一些自傲的人，為什麼？原因就是因為他們不懂得敬畏這個市場，殊不知股票市場的可怕，可以順風助人揚帆，也可馬上變成逆風讓人翻船。

　　交易市場永遠沒有聖杯，多充實本身知識才是不變的獲利法則，在操盤生涯中，我認為「選股、擇時與部位管理」為決勝的三大重點，選股選錯停損再起步都還有機會，股價所反應出來的，才是最真實的訊號，其實也不需特別去解讀「利多」或「利空」的消息，股市中只要順勢而為，並不需預設太多立場論斷多空，永遠「不要相信預言，而應讓市場的指數、股價告訴我們當下應該作多或作空。」

股市投資理財重在一個「致勝的觀念」，所謂「觀念影響行為，行為養成習慣，習慣變成個性，個性決定命運。」探究在股市中，坊間書籍不外都是些技術分析指標或統計歸納法則的應用，其對有志在投資路上的投資人來說，就好像尋寶之難，主要是他們沒有歸納出一套重要的「致勝心法與觀念」，對於投資者的幫助並不大，這點時間終究會證明。

　　在一個偶然的機會，我與軍團長同上一電視節目，兩人還同座一席，除了年齡相近外，言談之中，才知道都有在國巨（2327）一檔股票上慘賠百萬元的經驗，但我們都能在股市中勇敢站起來；軍團長並不吝分享了第一本書「1-2-3進擊戰法」的贏家心法給大家，時隔不到一年，軍團長更分享出第二本書《看圖抓飆股：飆風戰法》，俗話說，想改變個人股市生涯的方法就在重新（心）的學習，除了重新檢討過去慘敗的經驗外，更應多汲取贏家的思維模式。

　　本書，是一個能提供給讀者們思考轉折、趨勢、指標運用與研判多空的實戰運用技巧，並搭配獨創的飆風模式戰法，期望投資人在依此書按圖索驥之後，能一窺股市美麗的

風貌，並在熟讀與理解本書的操作內涵之後，於實戰中能似手中無劍般，心中有劍，一改股市中偏執的心。

　　股市中只有順勢而為來運行，沒有股價高低之分，但停損的觀念仍是不可或缺的觀念，期望這本理財工具書問世，提供給讀者在股票市場中，能夠有滿滿的收獲。

多頭時候賺多，空頭時候少賠

玩股網執行長 楚狂人

這兩年來台股並不好做，走空頭的時間遠大於多頭的時間，而且每次的多頭都來得又快又急，很多股票短時間漲了兩三成就結束，讓投資人很難抓到波段。

最近操作股票的難度遠大於2009～2010年。

這時候操作短線反而比做長線要有賺頭，因為操作拉長到一年以上，如果買進的點位和標的物不是太好，反而容易賠錢套牢，而短線操作正是短線飆派軍團長擅長的，所以在玩股網的人氣越來越旺。

因為大家都知道要6000點以下買，9000點以上賣，但是台股好幾年都在6000～9000點震盪的時候該怎麼辦？這就需要選股功力，精準抓起漲點，遇到高檔轉折馬上換股等等高段技巧，這剛好就是軍團長最厲害的地方。

我最佩服他的一點是軍團長絕對不會跟一般分析師或投顧老師一樣永遠是死多頭，他判斷盤勢非常靈活，可多可空，

這樣多頭可以賺股票上漲的錢，遇到大空頭也不會一直想著逢低買進，反而會找機會放空股票和期貨，變成多空都賺。

軍團長操作股市已經超過20年，經驗讓他可以靠直覺就從複雜的股市中找出規律性，只要跟著他的操作密訣就可以輕鬆找到波段上漲的股票，而且這些操作密技全都是這20年來的實戰經驗，現在你只要花幾百塊就可以輕鬆入門，這世界上還有更划算的事嗎？

軍團長在玩股網有開設社團，每天盤中盤後都有詳細的盤勢規劃和操作技巧教學，而且為了體貼學員和一般投資人，怕大家搞不清楚這麼多戰法實際操作要怎麼用，他特地找我們玩股網合作把他的操作戰法直接寫成多個不同的選股條件，加到玩股網飆股搜尋系統裡面，讓所有使用者能夠按一個鍵就能順利依照軍團長選股戰法選出飆股——書中有介紹怎麼用！

我每次看到投資人哀嚎股票又套牢都忍不住在想，如果他們能早一點學到更多更好的股市操作技巧，能早一點建立

正確的股市操作觀念，能早一點認識像軍團長這種願意分享經驗的高手，是不是就能在多頭的時候賺多一些錢，在空頭時少賠一點。

我覺得有緣看到這本書的讀者都是有福氣的人，祝大家投資順利！

作者序

　　前一本《看圖抓飆股，1-2-3進擊戰法：短線飆派軍團長的操盤絕學》介紹的是股市空轉多整理將飆漲的操作模式，這一本《看圖抓飆股：飆風戰法》則是要介紹最為人喜愛，追求速度感，為股票介於多空循環盡頭時刻，將發動主升飆漲的型態，這也是一個股票漲勢最快，最兇也最狠的主升段行情的型態，本戰法搭配前一本書的位階圖來看，當你讀了這一本書，你可謂是又進階更上了一層樓。

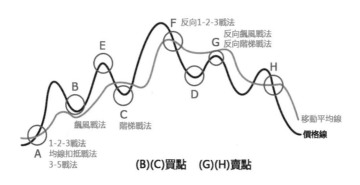

各戰法於均線上的定位

💲 最快速的獲利模式

　　股票市場適合不同個性的人，有人喜歡合理報酬求穩定成長就可；有人卻喜歡要有大幅波動，每天一定要進市場拼搏不可，那種小兒科小家子氣的別來跟他談，在他的股票投資路上一定要精采可期，那我可以說你真的是找對人了。這套「80主升飆風戰法」，擁有前面所講述階梯戰法進階操作模式、均線扣抵戰法進階操作模式，而且能在實戰操作上克服你因股價漲高卻還有更高、破低還有更低的心理恐懼，不敢有所動作心態上的盲點，這套80主升飆風戰法所求是最快速的獲利模式，若你嚴守前書所論述再搭配階梯戰法停損停利觀念，定能獲利滿盈，大賺小賠。

　　因此我可以肯定告訴你，80主升飆風戰法將能打敗市場上你所學的戰技，而且它是一個穩定的方程式。

⚙ 相信它，你的錢賺不完

　　為何如此說，因為股市由人的行為所組成，每個人都自認像武林高手般，不僅招術精奇，而且自認能抓住所有高低轉折，殊不知你會的別人也會，你想賣在山頂買在山底別人又何嘗不是這種想法，因此真正的主力會洞悉此狀況，也就是技術指標最難的鈍化走勢，高檔鈍化走飆升還有無法測得的高，此戰法克服散戶朋友在股票投資上的弱勢以及心理障礙，幫助你抓住飆股的尾巴，是一套相當完整的技術分析。此外，還有一貫的邏輯推演能力，之前我在萬寶短飆軍團長，當時的資歷尚淺，名氣也尚嫌不足，無法將這一套技術分析心法寫成書來幫各位散戶朋友，這個遺憾一直埋藏在我心裡。

　　我只想很肯定的告訴你，投資股票是有其捷徑，你可以少走很多很多的冤枉路，我也希望在你學得這套密技之後，能夠再跟基本面結合，到時就有如倚天劍與屠龍刀的雙刀合璧般相輔相成。

Ⓢ 成功可以複製

在學習的過程中，很多朋友一直為自己並非本科系，又股市中諸多的專有名詞與經濟數據所困擾。其實我可以肯定的告訴你，學習投資理財的真正高手都不見得是有本科系背景的人，縱使有也微乎其微，真正能夠成功有穩定獲利的，必然是有其獨創的心法或戰技，只是報章媒體訪問其成功路，他們都會說是大環境造就而成，一切只是僥倖。報導對他們美其名說，「他們真是謙虛」，其實原因是這種獨門密技怎可輕易外流於人。筆者當然也經歷過初學者這個階段，了解一個初學者有多麼渴望能夠得到一招獨創的心法或戰技，因此自己也想盡辦法、奮力追求，不斷地思索、找尋最強的祕訣，甚至幻想自己遠赴深山習武，遲早有一天能夠獲得大師不外傳的絕學。

最好是可以設定好程式，step-by-step依電腦買賣躺著就能賺，當然這種想法一定是幻滅的。

　　即便你已是資深的老手也無時不在做這種追求，然而翻閱市面財經書籍，你有找到嗎？我相信或有少許善心財經類書籍的作者願意出版這類書籍，若你一直還沒能找到，那就看這一本就好，我相信成功是可以複製的。

　　只是一個好的密技推出後，在市場能有效多久，就不得而知，所以你的學習腳步一定要快，別落人後，不然時過境遷你又說不準了，其實正確說法應該是說過了保存專利期，已經無法掌握成功的時機。

　　有鑒於此，我希望不管你是初入股市的新手，還是熟門熟路的老手，在面對新的觀念時，不妨放下成見，掏空自己，聽聽別人是怎麼說的，為什麼別人會這樣想、採取這樣的策略？這些年來，我也是這樣期許自己，畢竟知道自己有所不足，才會有進步的空間，你說是吧！

　　感謝玩股網的邀約，讓我有機會將自己第二套自創的絕學分享出來，希望這套苦心研究許久的心得，能夠幫助朋友們少走些股市的冤枉路，別被主力坑殺、被媒體左右，那麼，我也算做了功德一件。

Contents 目錄

CHAPTER 1

恐懼中蘊藏希望，等你來解密

CHAPTER 2
十次過高九次回，哪一次會不同？

技術分析（一）：量價關係／均線位階

貪婪中蘊藏風險

CHAPTER 5

十次破低九次彈，哪一次會不同？

CHAPTER 6

技術分析（二）：量價關係／均線位階

CHAPTER 7

辨識技術型態，掌握獲利契機

前言
談時機觀念

　　股市，採用同樣的操作方式，每一次幾乎都會有不同的結果。WHY？——時機不同。

　　聽電視眾多名分析師說得頭頭是道，又如什麼飆股達人、飆股探長、趨勢大師、波浪大師滿天飛，為什麼投資人還是被左右，仍然列在80％輸家的行列？究竟是名師騙人？還是投資人本身出了問題呢？

　　他說下跌有叫出，你說昨天才買進今天賠錢叫出有沒有搞錯，他說股市要講紀律、要勇於停損，但一次二次數次之後你已麻痺無知覺，不知自己當初為何要花錢跟投顧，不知自己當初為何要聽信他人，因為別人不會跟你詳細說「我為何出」的理由，你就是要這樣做，是對是錯不得知，因為你自己也沒一個譜。

　　依我看技術分析不難，難就難在活用，難在心態無法隨之轉變，未想先輸總想贏，沒有預留退路。

　　很多人其實都只注意到別人成功的一面，卻忘了最辛苦的那一面。雖然我篤信技術分析可以幫你致富，但我仍然要

你知道，不要相信有一種可以永遠一直賺錢的方法，要是真有此方法，王永慶又算什麼，你知道我想表達的意思吧！

但也不要急著去否定任何方法，其實是自己不了解怎麼去使用它而已，應該說是不了解怎麼在適當的時機去使用它，其實沒有哪一種方法一定對或錯，只有適不適合自己而已，我相信一定也有靠技術分析賺到每天坐擁金山的人。

每個成功的操作方法幾乎很少相同，主要是必須適合自己，或者說，因為這些方法都是操作者為自己所找到最合適的方法，所以，一定不相同。

我一直強調的重點是，他們的方式都有一定程度的「量化」，有合乎邏輯的規則來做遵循，所以我創立如此多的戰法，都是有邏輯的規則，要你能簡單的在股市的不同階段找到符合自己的操作依據，「省略了你再去花自己的錢和時間去試別人已犯過的錯誤」，就我覺得自己算是做功德，也許你要以小人之心來評論說這又有何難，我早已知其概念，但你可知這每個關鍵概念，我需要花費多久時間去思考、比對。

最後我還要提醒你，借鑒別人的成功經驗必須靈活運用，如果拘泥刻板就容易失敗，任何的理論和原則都有其特定的時空背景，要套用時自然要更加的靈活，才能收到意想不到的效果，切記歷史經驗是死的，但當下卻是多變的，另外，就是存有一份感恩的心。

依照同樣的操作方式在股市上，幾乎都會產生不同的結果，因為時空環境的不同，也就是我們所說的時機。

古有「孫臏減灶擒強敵，孔明增灶退大軍」都是用灶，何以差之千里，是時機不同始然。

時機用對能夠成功，就像我的3K進擊戰法一定要等出那時機，真正的黑馬飆股才能出來。它於此時是無法使出飆風戰法的，這是邏輯問題，若錯用在不斷的交易操作之後，將信心全失，受困於終日漫長的等待中。因為這段時間，它需藉由反覆打底吃貨、拉抬、壓低、震盪、洗盤，拉出均線的一種整理，這是長線主力思考的操作模式。

　　你會問這主力真不乾脆，我說這不是乾脆不乾脆的問題，是主力計算拉抬所需銀彈的問題，也關係到需要洗掉很多等待解套上漲，浮動的籌碼，這種算計馬虎不得。

軍團長提點

　　每個交易過程所抱持的心態都會不一樣。若用對戰法，會有飛躍的進展和提升，及心靈的成就感。也許你目標的設限現在是從十萬到百萬的一個過程，但進階後，百萬到千萬又何嘗不是另外一個過程，這是人生的期許，也是期許進階的道路。

　　短線飆派軍團長的叮嚀：
　　多看K線圖，掌握自主的財富人生。

恐懼中蘊藏希望
等你來解密

好股的迷思？套牢殺不殺？啟動多空轉折密碼告訴你

　　投資者總存著「好股套牢殺不殺，是否向下加碼、逢低攤平」的迷思，似乎這樣無往不利，最終能全身而退，甚至帶來獲利；很多人疑惑好股為何不漲，已經如此精研其基本面，為何還是套牢？好股的迷思讓人又愛又恨，因為相信所以加碼攤平，但【逆轉勝】有時是一廂情願，這些在本章節一併告訴你。

川流戰法，永遠不用數波浪
學會進化型戰法──

有人說，當街上血流成河時，就是你該進場的時候了，但這種說法也不盡然對；經驗老到的投資人倡議「80%」的投資80-20法則，也就是股市由其高點下挫80%之後，就該是進場時機了。但是很多股票跌了90%到現在都還續跌，還是有可能讓投資人損失慘重；還有人愛好數波，又是第幾波、第幾浪有無延伸……。其事後諸葛都是很準的，但波浪理論的缺陷是對於完整的浪無明確定義，又波浪理論有所謂伸展浪（Extension-Waves），有時五個浪可以伸展成九個浪，但在什麼準則之下波浪可以伸展呢？提出者艾略特卻沒有明言。所以有人數波浪數到頭昏，至於效用，就像卜卦一樣，正反機率各半。

　　股市的行進是這樣，贏家重點是在規劃行進，所以事前預測是必要的。通常接近底部時往往是恐慌性下跌，而不敢買是人性；底部時，市場一片哀鴻遍野，但此時你如何做出跟別人不一樣的動作，這就是輸贏的分界點。這時你必須問的是，你的判斷工具足夠嗎？這裡將教你「1-2-3戰法進化型——川流戰法」，學會它永遠不用數波浪。

川流戰法

　　何以稱其為「川流戰法」，因為它重時機，並輕易出擊，借力使力。

　　忍術流的攻擊面戰法。

　　智者，計如川流源不斷，佈陣操勝，腦中千萬計，江川流天際，狼煙衝九霄，能再創造無數漲停佳績。

1. 散戶打敗專家，川流戰法助你找出落底股

　　沒有人是諸葛亮再世，可以預測市場變化。個人以為股票下跌或上漲的慣性動力消失時，股價若是能數周或數月沒有再出現低點時，可以藉此來判斷股票是否有機會築底，而這些動作可由其指標的簡單判斷來知其一二的，雖說是「簡單判斷」，若沒人指點迷津，恐怕也是不得其門而入，這就是所謂行家與一般大眾的區別。

　　接下來軍團長將帶你認識此「川流戰法」，不用迷信專家，正確學習，散戶必將追隨行家的腳步、打敗所謂專家，掌握自己的股市春天！

看圖操課抓飆股：1319東陽

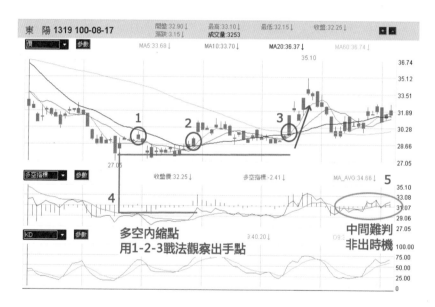

編號4：

100年9月15日股價28.7元被多空線往上托住，並進而內縮，此時在下跌的過程中又出線紅K母子孕線，我們姑且認定短線止跌訊號，只要依階梯戰法能守穩前低27.05元即可，而且停損點也不過約6％空間，依此多空線內縮點，將它垂直往上對準的K線低點，此時我們將此低點再往右邊平移，就成功標畫出一個多方領域。

此時假若股價有來破此平移線——如編號1跟2之間的黑K，但卻能守穩前低27.05元，此時我們能配合著KD交叉向上時進行買入，這是一個既簡單又安全的做法。

更可在這買賣的期間留心注意「1-2-3戰法」成型的機會，真是一舉數得，如此你當能在編號3處不漏失多方進擊，用我們於第一本《看圖抓飆股，1-2-3進擊戰法：短線飆派軍團長的操盤絕學》中所談的「1-2-3戰法」接續編號3時，介入的時點應貼緊盯盤，見量就攻，別等待再度出現第二根紅K，見盤中再次突破10MA即追入搭轎，此時更可搭

配3-5戰法的進擊來操作。

依此川流戰法的進擊，你可以輕易掌握住編號2跟編號3的波段獲利買點。

又依此圖來看，目前此股走到編號5的位置，其約在100年11月30日股價30.25元又被多空線往上托住，並進而內縮多方築底，你仍可用1-2-3戰法來駕馭它，但因其進行內縮的點位看似中值，實很難判斷未來行進方向，通常遇到這種狀況你有兩種選擇，第一就是捨棄它，第二就是依季線當時走揚，不跌破季線就順勢而做它，而向上也仍需設有以階梯低點被跌破就出的停利機制。

2. 越買越貴是正確，階梯進階是股票邁向飆風之路

金融海嘯過後，你是否學會了什麼事？

大部分的人就是學會了買入並持有的策略，但這根本是潰不成軍，毫無道理可言，如果你是生活於「前所未有的年代」，試回望經歷過的大蕭條、大危機，你又如何用一般常理來推估未來？！唯有活在當下，採「金字塔型買入法」──即「越升越買，越貴越買」，且依階梯戰法善設停損的生存遊戲方法，才是正確的道路。

就我個人經驗而言，使用「逢低買進法」做股票布局的人，不是發財就是發神經了。發神經的原因是：買錯股票，「低點之後還有更低點」，然後就永遠被打趴在地起不來了；最後宿命是無法忍耐，終於相信「低點之後還有更低點」，於是就脫手，但通常脫手後股價差不多也快是正式回

升的那一天。因此，學會階梯戰法是何等重要之事。

　　本章節一樣將階梯戰法加上川流戰法列舉實例來談。

🔩 看圖操課抓飆股：2474可成-1

編號A：

99年7月5日股價69.4元被多空線往上托住，並進而內縮，此時在下跌的過程中又出線紅K及KD指標低檔的K轉上，我們姑且認定短線止跌訊號。只要依階梯戰法能守穩前低處99年6月30日股價67.2元即可，而且停損點也不過約3.2％空間，依此多空線內縮點，將它垂直往上對準的K線低點，此時我們將此低點再往右邊平移，就成功標畫出一個多方領域。

此時，假若股價有破此平移線，但卻能守穩前低67.2元，我們就能配合著KD交叉向上時進行買入，這是一個既簡單又安全的做法。

而從99年7月5日股價69.4元被多空線往上托住後，股價一路如上樓梯攀高，一直持有到了99年7月22日賣出，理由是短線操作K線長黑吞噬又KD已有指標背離，以收盤價計算到76.8元，價差約7.4元，獲得操作利益漲幅約為10.7％。

　　同樣方法再次出現於編號B：99年9月21日股價72.6元，被多空線往上托住，並進而內縮，此時在下跌的過程中又出線紅K及又K線過3日高點，我們姑且認定為短線止跌訊號，只要依階梯戰法能守穩前低處99年9月20日股價70元就可，而且停損點也不過約3.58％空間，依此多空線內縮點，將它垂直往上對準的K線低點，此時我們將此低點，再往右邊平移，就成功標畫出一個多方領域。

　　此時假若股價有來破此平移線，但卻能守穩前低70元，按此時點，我們配合著KD交叉向上時進行買入，這是一個既簡單又安全的做法。

　　而從99年9月21日股價72.6元被多空線往上托住後，股價一路如上樓梯攀高，一直持有到了99年10月28日賣出，理由是短線操作因又被多空線往下覆蓋，後勢跌勢居多，以收盤價計算到82.3元，價差約9.7元，獲得操作利益漲幅約為13.4％。

　　但這裡有一個小問題必須告訴你——是股價影響指標還是指標影響股價？這就好像雞生蛋跟蛋生雞的問題。實際上應該是二者相輔相成，若一味看到當前多空線往下覆蓋就出掉，後面股價突破盤區多空線的回推就會再內縮往上走。所以在漲勢的股票，你可以依前書所介紹階梯戰法善設停利點就好，這樣較不會失掉波段利潤，現我再將上圖於99年9月21日的接續，套用階梯戰法來看看。

💲 看圖操課抓飆股：2474可成-2

　　上圖的型態，當99年9月21日股價72.6元，被多空線往上托住，股價紅K後回調都能守住編號1低點99年9月20日股價72元，所以壓回應站買方。

編號2：

股價衝高再壓回，投資人以99年9月28日70.5元買入，符合守編號1低或接近編號1買入的規則；到99年11月1日以82.1元執行賣出（理由：出現流星線），獲得投資報酬率約為16.45％。

編號5：

股價衝高再壓回，投資人以99年11月3日80元買入，符合守編號4低買入的規則；到99年11月30日以93.5元執行賣出（理由：出現流星線），獲得投資報酬率約為16.96％。

圖中的小轉折從編號2、3…到7，都能再過前波段高守前編號股價低點，是故股價並無轉弱跡象，而能一路挺進。

此股股價在100年6月16日在高點來到172元，才正式跌破前階梯，雖後續還能再上攻至100年7月28日高點277元，但依階梯戰法可波段持有到172元，後面的風險就真的不是你能賺到的了。

3. 底部四型態
──抓住低點轉折的翅膀

上述我們介紹了川流戰法於底部的發生機會，但一種指標的運用並非能夠百分之百的勝出，是故軍團長再為你介紹底部時必定會發生的（萬用型）組合多方K線，加上這多方底部四型態，相信勝率自可提升許多。

請讀者仔細閱讀看圖抓飆股的說明，然後彈性運用川流戰法結合底部四型態的分辨，抓住底點轉折的時機點，功力自可大增。

💲 看圖操課抓飆股：大盤加權

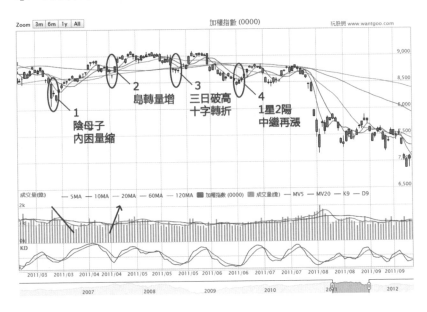

在下跌趨勢中，長黑K後出現向上跳空的變盤線，即「十字線、紡錘線」，表示行情在波段低點處多空拉鋸隨時可能變盤易位。如果第三天出現向上跳空開高的長紅K，是為島型環轉型態。要特別注意的是，若此第三根長紅K帶量大漲，則趨勢轉強就更為明顯，由於島型環轉的組合型態是跳空格局，是一種非常強烈的變盤訊號，因此當這個型態出現時，多方應把握機會積極找買點介入。

一旦長紅K高點被向上突破或再出現盤間上漲的K線型態時，則可確認反轉趨勢形成。

上圖提供四種看盤時底部常見反轉的型態，這裡將詳論「一星二陽」跟「陰母子內孕內困翻紅」這兩組多方K線。

⚙ 股市慣性威力——轉折力找買點

股價上漲有其慣性威力，到底會漲多高，哪個高點決定買？如何買？又該不該買？真是惱人的問題。這裡提供你多頭數種K線，見其K線過昨高，又指標如KD也接近其低檔時，請在這第一時間考量做出買進決策動作。這方法通常很即時，也能收到立竿見影的效果，按表操作的鐵律，才是你能在股市存活的不變法則。

經過統計，會漲的股票，K線三日內必再過高，所以我們一定必須用多頭K線＋轉折力道在第一時間做買進。統計資料顯示，你有70％的機率是買在起漲點，當然因你取其多方力道，故在月線或季線之上做此動作，往往是事半功倍效果，下列開始舉多方K線訊號產生下＋轉折力的實例作說明。

⚙ 多方K線訊號1──內困三日翻紅

> **定義：**
>
> 　在下跌趨勢中，長黑K後面出現一根小紅K，此紅K的高低點都被長黑K環抱在裡面，形成長黑小紅的「母子」線，是空方退縮多方蓄勢反擊的訊號。若第三根出現長紅K，一舉突破長黑K的高點，則可確認為內困三紅型態。

　此形態具有相當強烈的反彈起漲訊號，如果再連續見到守穩或上漲的紅K線，並突破拉開內困三紅的高點，投資人應積極進場找買點，短線反彈甚至趨勢反轉向上的獲利可期。

　你可將上述型態歸類屬「內困型」。

💲 看圖操課抓飆股：3607谷崧

3607谷崧：一泄千里／內困3日翻紅

解說如下：

當在2011年1月21日編號A的位置，股價盤中突破2011年1月19日52.5元高點，反多確立，對照下方當天爆出量880張，是前一天220張量能的四倍量。

到2011年1月27日編號B的位置，因連兩日留下長上影線，故盤中應先出，我們取其當日最高價為65.8元，（65.8-52.5）/52.5執行後成果約25.3%。

💲 多方K線訊號2──「一星二陽」，中繼再漲 （又稱為離黑戰車）

定義：

在兩根紅K線之間夾帶一根變盤線（十字線、電阻線）、第三根為紅K線，其低點與第一根紅K線高點相近或較高，而此變盤線位置就在兩根紅K的高點和低點之間，就是所謂的一星二陽型態。這是一個常見的中繼訊號，即漲勢仍將續漲不變，逢回應順勢介入積極找買點作多。

停損設價法：

要特別注意的是，在一星二陽之後，如果出現下跌的反噬K線，跌破第三根紅K的低點，則為一星二陽的破局，介入宜謹慎小心。

你可將上述型態歸類屬「上漲中繼型」。

$⚙$ 看圖操課抓飆股：1710東聯

1710東聯：一星二陽，中繼再漲（又稱為離黑戰車）

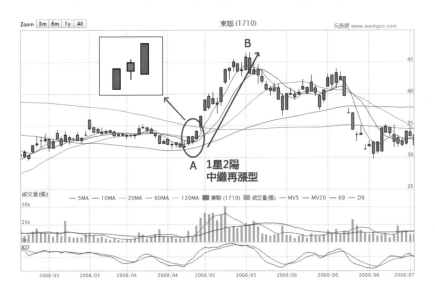

解說如下：

當在98年4月28日至98年4月30日三日K線編號A的位置，98年4月28日股價高點33.3元、98年4月29日股高點33.4元，故98年4月30日股價出量的紅K就可定義為一星二陽中繼再漲，盤中出量隨即漲破前一天33.4元高點，反多確立，對照下方當天爆出量23301張，是前天買入量約7116張量三倍。

依此98年4月30日過33.4元價位買入一路漲到98年5月20日高點，我們取其當日最高價為46.5元賣出，（46.5-33.4）33.4執行後獲利成果約39.22%，故一星二陽中繼再漲型是一個強烈的多方攻擊型態，讀者應特別花些心思去學會它。

十次過高九次回
哪一次會不同？

解讀突破K線力道 判斷當下及預測未來

【飆風進擊戰法】的操作，結合K線力道，及多空相對位階，絕對能幫投資者，在股市狂熱大量衝過關鍵關卡（頸線，及前波套牢點位）時，幫你預先算好股市再漲升的動能還有多少，使投資者能很從容的做出進退的依據，讓投資人體認股市其實也可以在很優雅的動作中進行，希望投資人充分瞭解本章節的精髓。

Chapter2

階梯戰法＋飆風戰法雙劍合璧，

賺大波段行情

　　幾乎所有參與交易的人，都窮盡一切之力量、傾其所有之努力在找尋如何穩定獲利的要領與方法。但所讀理財書眾多，方法更多，旁門左道或有幾分可用，但卻難登大雅之堂。

　　那究竟要怎樣循規蹈矩，學會什麼方法才能賺到錢呢？

　　其實有其關鍵重點、關鍵方向與關鍵要領，以下的「關鍵價位」是股票將形成走勢時的關鍵點，也是交易時的判斷點，適用於實戰。

　　本書將以淺顯的文字於圖形讓讀者一目暸然。

1. 突破K線力道，判斷當下及預測未來

⚙ 看真假突破與未來走勢

通常我們把上一階梯高視為關卡價，但為何有的過高會衝遠，有的過高卻縮回，你到底該不該追？學過這一篇，你大概就能心知肚明。

💲 看圖操課抓飆股：6145勁永

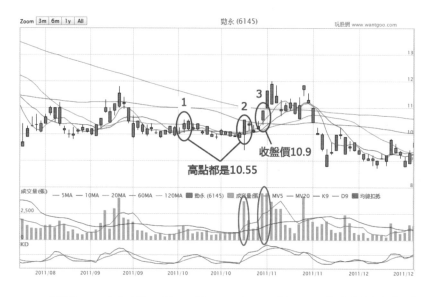

編號1：上圖的K線，當100年10月12日股價位置高點是10.55元。

編號2：股價經過橫盤修正後再攻出，100年10月31日放量來到10.55元，此長紅K看似強勢但卻追不得，是何也？

因為這支K棒為假突破，1-2天內必被壓回，這過程是經過精密的判斷而來的。

　　判斷方法如下：

　　我們將關卡價設為△p→頸線位置

　　突破當日收盤價設△p1→今天漲幅

　　（△p1-△p）/△p = p%

　　1. 當p% > 5%：股價能有機會連攻2日再拉回

　　2. 當2.5% < p% < 5%：股價能有機會攻1日拉回

　　3. 當p% < 2.5%：股價隔天開盤可能就會見高拉回

　　而上圖盤中6145勁永於100年10月31日放量來到10.55元，雖是長紅K卻無法化解，故於100年11月01日至100年11月03日連拉回3天。

但第二次，同樣舉例6145勁永：

於編號3位置高點100年11月04日，是10.9元，又是長紅K突破編號2關鍵價位10.55元。

（10.9-10.55）/10.55=3.32％

經其計算而得到當天漲幅約3.3％

屬第2式→當2.5％<p％<5％

故判斷股價能有機會攻1日再拉回，故2天後—100年11月08日，開盤就見其高後拉回。

這支算標準走勢，判讀若有以下兩種情況，則最有可信度：

1. 橫盤區突破高。

2. 多頭型態W底／頭肩底，頸線突破點

反向跌破也能一體適用，你也可自己應證。

2.

買在會漲的點，
飆風戰法心法實例篇

　　何謂飆風戰法，其又跟階梯戰法有何關聯，這裡說一個小故事，你大概就能明瞭了。

　　有人說股市循環跟波浪轉折與大自然有著密切的關係，所以有著春耕冬藏的四季選股法。但你可知當下的這套飆風戰法又稱為「瓢蟲戰法」，跟股市循環與大自然又有著什麼密切的關係呢？

　　主要是因為瓢蟲的特殊習性——走到最高頂點才會開始飛。

　　瓢蟲又叫做天導蟲，或者說牠會帶來好兆頭呢！這是源自於瓢蟲飛向天空的樣子。如果你將瓢蟲放在手指上，指尖往上指，牠大都會沿著手指爬到指尖再飛走。這是因為瓢蟲

喜歡往高處爬，常常爬到頂端，然後展翅飛翔。這種特性在其他昆蟲也看得到，不過瓢蟲身上特別顯著。

小時候我們常常做的事，如今將它用於股市。

⚙ 何謂飆風戰法

股價不管上漲或下跌都有其慣性威力。

你需在這第一時間考量做出決策動作，這方法通常很即時，也能收到立竿見影的效果，按表操作的鐵律，才是你能在股市存活的不變法則。

經過統計在葛蘭畢均線法則的主升階段，此時因為上升均線已做出發散動作，藉此時衝出第一次必定會再回來有甩轎動作，所以我們一定要利用這次機會，善用本書絕活搭上這班飆漲的列車。

💲 80主升飆風戰法＋慣性轉折力切入

何謂80主升飆風戰法＋慣性轉折力？

80：顧名思議取其80根K線，那為何要取80根K線，不多也不少？因為它介於3-4個月期間，能代表中多主升飆出的人均成本，也是剛好坐落一張圖的範疇。

主升：就是圖型第2介入（B）的黃金買點

💲 如何運用飆風戰法？

當今日K線（第1根）往前推80根K線位置。

比較今日K線（第1根）位置與往前推80根K線位置，是否距離其高點接近大約是5-7％空間（此時你應嚴加鎖定），注意其股價未來創其高的機會。

觀察限制：

1. 你的80根K線位置可能未來3-5天會扣其最高。

2. 你的季線由走平趨勢變成緩漲趨勢。

3. 此時股價衝過80根K線位置高後壓回測10日線時，第1轉折出現，需在這第一時間考量做出決策動作執行買入，等其主升飆漲。

接下來我們將舉一連串飆風戰法實例篇所結合階梯戰法的型態圖來解說。

看圖操課抓飆股：5349先豐

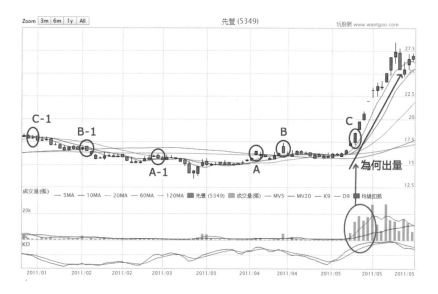

　　上圖右方標示編號A、B、C，分別代表「多方階梯的進擊點位」，分別對應左方標示編號A-1、B-1、C-1的空方套牢點區位。

軍團長提點

　　一個空方掌控的市場，是不斷的破低不過高，其底深不可測，根本不可能拉起來挑戰空方反壓區，來讓你做出解套動作，主力其心可議，有時簡單想就可知後續動作，就是密切觀察後續主攻點的出量處搭轎就可。

編號A：

　　於本張K線圖表畫面左邊正好跌了3小波段，一路的向下跌幅，使得均線處空方排列。隨著局勢漸漸明朗，到了100年03月18日，盤面突然發動強力的漲勢，拉出一根紅K，當時的股價是15.2元。從圖上來看，第一次攻入10MA時的價格是15.17元，投資人先以反彈視之，而後股價呈現盤堅橫盤修正指標後，再攻擊到編號A點100年04月07日，而當時股價是16.5元，往左邊對應A-1點位是100年03月04日，而當時股價是15.7元，也就是說這一次的拉抬，是想給A-1區當時套牢的人去賣出手中持股的動作。

編號B：

K線壓回稍做整理，再接近之前100年03月18日，盤面突然發動強力的漲勢，拉出一根紅K長紅處，再次築出多方階梯，突破均線10MA時，一路向上再攻擊到編號B點100年04月15日，而當時股價是16.3元（盤中高點是17.35元），往左邊對應B-1點位是100年02月09日，而當時股價是16.5元，也就是說這一次的拉抬，是想給B-1區當時套牢的人去賣出手中持股的動作。

編號C：

K線最後一次壓回，再接近編號B底部起漲區處，投資人要貼緊盯盤，因為真正的飆風進擊戰法點將要來臨，見量就攻。見盤中於100年05月09日，當時股價17.35元（盤中高點是17.6元），往左邊對應C-1點位是100年01月14日，而當時股價是18.2元，也就是說已接近C-1點位，一穿越後上漲進入無壓的真空狀態。瓢蟲將要爬到枝葉頂端，然後展翅瞬間飛離，這時是一刻都不能鬆懈；就在隔天，於100年

05月10日，當時股價18.50元（盤中高點是18.55元），於盤中一舉越過C-1點位是18.2元，此時你應及時切入，因為這次的過高壓回機率甚低，而這一次的拉抬，是想給C-1區當時套牢的人去賣出手中持股的動作。既然C-1區當時套牢的人都已解套，應證了股市主力用階梯向上洗盤後，將進入飆漲的結果，而不知此原因的人，總是同樣的那一句話，股市真是夠機車，我不賣不飆，一賣就飆不停，是這樣的宿命嗎，非也，只是你不知道股市的邏輯罷了，透過本書學會它，你就不會有遺憾。

執行後成果：

依「80-主升-飆風進擊戰法點」找到編號C突破的關鍵價位，在100年05月10日，當時股價約18.2元時開始進擊；到了當年度05月23日，股價最高漲到28.45元，價差約10.25元，從18.2元看到訊號後入場，到28.45元，共花10個交易日，賺到56.3％漲幅。

💲 看圖操課抓飆股：9949硫園

上圖右方標示編號A、B、C，分別代表「多方階梯的進擊點位」，分別對應左方標示編號A-1、B-1、C-1的空方套牢點區位。

軍團長提點

　　一個空方掌控的市場，是從C-1、B-1、A-1這樣順序不斷的破低，是根本不可能拉起來挑戰空方反壓區，而來讓你做出解套動作，主力其心可議，有不可能來碰觸前頭守衛兵A-1的點位。

編號A：

　　於本張K線圖表畫面左邊正好跌了3小波段，一路的向下跌幅，使得均線處空方排列。隨著局勢漸漸明朗，到了99年12月7日，盤面突然發動強力的漲勢，拉出一根紅K，當時的股價是23.9元（盤中高點是24.2元），從圖上來看，第一次攻入10MA時的價格是23.41元。投資人先以反彈視之，而後股價呈現盤堅橫盤修正指標後，再攻擊到編號A點99年12月13日，而當時股價是25.4元（盤中高點也是25.4元），往左邊對應A-1點位是99年11月19日，而當時股價是25元（盤中高點是25.5元），也就是說這一次的拉抬，是想給A-1區當時套牢的人去賣出手中持股的動作。

編號B：

　　K線壓回稍做整理，再接近之前編號A——99年12月13日長紅K處，盤面突然發動強力的漲勢，拉出一根紅K長紅處，再次築出多方階梯，突破均線10MA時，一路向上再攻擊到編號B點100年1月5日，而當時股價是26.1元（盤中高點是27.2元），往左邊對應B-1點位是99年11月10日，而當時股價是26元（盤中高點是27元），也就是說這一次的拉抬，是想給B-1區當時套牢的人去賣出手中持股的動作。

編號C：

　　K線最後一次壓回，再接近編號B底部起漲區處，此時投資人要貼緊盯盤，因為真正的飆風進擊戰法點將要來臨，見量就攻。見盤中於100年2月16日，當時股價29.6元（盤中高點也是29.6元），往左邊對應C-1點位是99年10月29日，而當時股價是28.3元，也就是說已穿越C-1點位，但此次穿越後還有拉回2天給你上車的機會，對你算是真貼心。

從100年02月18日低轉後起飆,當時股價29.6元(盤中低點是29.3元),開始上漲進入無壓的真空狀態,瓢蟲再次展翅瞬間飛離。所以比較安穩的做法是,100年02月16日(當時股價29.6元)於盤中一舉越過C-1點位是28.3元時,你應及時切入1/2資金,因為這次的過高壓回機率甚低,而這一次的拉抬,是想給C-1區當時套牢的人去賣出手中持股的動作。既然C-1區當時套牢的人都已解套,應證了股市主力用階梯向上洗盤後,將進入飆漲的結果,而若不買入1/2資金,當噴出時就只是空留遺憾獨對天,也許你說你已學會此套戰法,有信心再找就有,那也不錯。恭喜你,在股市中就是要有這種的霸氣!

執行後成果:

依「80-主升-飆風進擊戰法點」找到編號C突破的關鍵價位,在100年2月16日,當時股價約29.6元時開始進擊;到了當年度3月7日,股價最高漲到47.8元,價差約18.2元,從29.6元看到訊號後入場,到47.8元,共花13個交易日,賺到61.5%漲幅。

💲 看圖操課抓飆股：6276名鐘

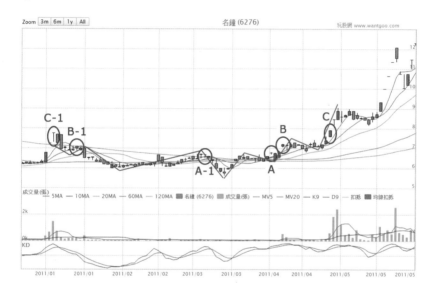

　　上圖右方標示編號A、B、C，分別代表「多方階梯的進擊點位」，分別對應左方標示編號A-1、B-1、C-1的空方套牢點區位。

軍團長提點

　　一個空方下跌小浪正好是走1-2-3-4-5，若不會數也沒關係，搭配Chapter1的川流戰法來看就能一目瞭然，當然股價還是會從C-1、B-1、A-1這樣順序不斷的破低，是根本不可能拉起來挑戰空方反壓區來碰觸前頭守衛兵A-1的點位，讓你做出解套動作，這是主要的重點觀察。

編號A：

　　於本張K線圖表畫面左邊正好跌了3小波段，一路的向下跌幅，使得均線處空方排列。隨著盤勢的轉變，到了100年03月22日，盤面突然發動強力的漲勢，拉出一根紅K，當時的股價是6.47元（盤中高點是6.47元），從圖上來看，第一次攻入10MA時的價格是6.28元，投資人先以反彈視之，而後股價呈現盤堅橫盤修正指標後，再攻擊到編號A點100年04月06日，而當時股價是6.78元（盤中高點是6.8元）。往左邊對應A-1點位是100年03月09日，而當時股

價是6.68元（盤中高點是6.72元），也就是說這一次的拉抬，是想給A-1區當時套牢的人去賣出手中持股的動作。

編號B：

K線壓回稍做整理，再接近之前編號A──100年04月06日長紅K處，盤面突然發動強力的漲勢，拉出一根紅K長紅處，再次築出多方階梯，突破均線10MA時，一路向上再攻擊到編號B點100年04月11日，而當時股價是7.2元（盤中高點是7.22元），往左邊對應B-1點位是100年01月13日，而當時股價是7元（盤中高點是7.1元），也就是說這一次的拉抬，是想給B-1區當時套牢的人去賣出手中持股的動作。

編號C：

K線最後一次壓回，再接近編號B底部起漲區處，投資人要貼緊盯盤因為真正的飆風進擊戰法點將要來臨，見量就攻，見盤中於100年4月27日，當時股價7.91元（盤中高點也是7.91元），往左邊對應C-1點位是100年1月5日，而

當時股價是7.75元，也就是說已穿越C-1點位。但此次穿越後，這股強烈的漲勢一路向上再攻擊，一去不回頭。

從100年4月27日起飆，當時股價7.91元（盤中低點是7.6元），開始上漲進入無壓的真空狀態，天導蟲再次帶來好兆頭振翅瞬間飛離。所以比較安穩的做法是，當時股價100年04月27日，當時股價7.91元（於盤中一舉越過C-1點位是7.75元時，你應及時切入1/2資金，因為這次的過高壓回機率甚低，而這一次的拉抬，是想給C-1區當時套牢的人去賣出手中持股的動作。既然C-1區當時套牢的人都已解套，你獨享飆漲的樂趣又有何不可，應證股市說：「往少人的地方去。」反而是比較好的選項考量。

執行後成果：

依「80-主升-飆風進擊戰法點」找到編號C突破的關鍵價位，在100年04月27日，當時股價約7.91元時開始進擊；到了當年度05月23日，股價最高漲到11.35元，價差約3.44元，從7.91元看到訊號後入場，到11.35元長黑出場，共花18個交易日，賺到43.5%漲幅。

💲 看圖操課抓飆股：1439中和

上圖右方標示編號A、B，分別代表「多方階梯的進擊點位」，分別對應左方標示編號A-1、B-1的空方套牢點區位。

軍團長提點

一個空方掌控的個股，不可能來讓你做出解套動作，主力其心可議。

編號A：

於本張K線圖表畫面左邊正好是小波段落底，你可用本書Chapter1所學川流戰法去應證就知。這一路的向下跌幅，使得均線處空方排列深不可測，但到了100年3月21日，盤面突然發動強力的漲勢，拉出一根紅K，當時的股價是35.55元。從圖上來看，第一次攻入10MA時的價格是33.9元，投資人先以反彈視之，而後股價呈現盤堅橫盤修正指標後，再攻擊到編號A點100年3月29日，而當時股價是37.6元（盤中高點是38.5元），往左邊對應A-1點位是100年2月21日，而當時股價是37.2元（盤中高點是38.6元）。雖右邊比左邊略低1毛，但其態勢已做出；也就是說這一次的拉抬，是想給A-1區當時套牢的人去賣出手中持股的動作。

編號B：

K線壓回稍做整理，盤面突然發動強力的漲勢，拉出一根紅K長紅處，再次築出多方階梯，其一路向上再攻擊到編號B點100年04月26日，而當時股價是41.5元（盤中高點是42.5元），往左邊對應B-1點位是100年1月3日，而當時股價是41.8元（盤中高點是42.5元）。也就是說這一次的拉抬，是想給B-1區當時套牢的人去賣出手中持股的動作。

K線最後一次壓回稍做整理，再接近月線100年4月29日轉折處，當時股價是40.2元（盤中低點是39.65元），能守住前階梯低點100年04月19日轉折處，當時股價是38.6元（盤中低點是38.35元）。盤面突然發動強力的漲勢，拉出一根紅K長紅處，再次築出多方階梯，一路向上再攻擊，一去不回頭。

所以經過編號B處再壓回時，投資人要貼緊盯盤，因為真正的飆風進擊戰法點將要來臨，見量就攻。見盤中於100年4月26日，第一次出量790張＞5日均量373張時應留意，

第二次出量於100年04月29日702張＞5日均量509張，而後隔天於100年05月03日，跳空上漲進入無壓的真空狀態。瓢蟲入頂端，再次展翅瞬間飛離，飆風進擊戰法轉折有時需提前布局，一刻都不能鬆懈。若於100年04月29日布局，當時股價40.2元，因為你已預測將使出飆風進擊戰法。

執行後成果：

依「80-主升-飆風進擊戰法點」突破的關鍵價位，在100年4月29日，當時股價約40.2元時開始進擊；到了當年度5月09日，股價最高漲到53.1元，價差約12.9元，從40.2元看到訊號後入場，到53.1元，共花6個交易日，賺到32.1％漲幅。

Chapter 2 3. 階梯停損準則，飆風戰法停損篇

技術分析當然可能會出錯，因此，我們須謹守避免慘賠出場的停損點準則。

軍團長提點

階梯走多型，穩定踩上走，若有破階梯，持股不宜留。

技術分析可以檢視現在，卻無法預測未來，我們這裡只是舉其通例。分析可以有很多種，有些是真的可以讓你直接用來操作，也有一些只能用來欣賞。就像坊間有人出書標榜追強股漲停最好隔天開盤沖掉，試想這種刀口舔血的日子，沒賺到錢已嚇出一身病來值得嗎？

　　謹守階梯停損＋飆風戰法是個有清晰交易邏輯與脈絡可依的方法，但這裡必須鄭重告訴你，每日K線型態的技術分析，雖然當時因為線型美加K線量價燈光佳，我們反而容易深陷風暴中不易自拔，使自己難免會高估自己的解讀實力，不信當時突如其來的利空新聞消息也會影響干擾我們的選股，所以我們需善設停損點。

　　明白技術分析當然可能會出錯的道理，我們就更須謹記此停損點準則、熟記並運用口訣。

💲 看圖操課抓飆股：9914美利達

上圖右方標示編號A、B，分別代表「多方階梯的進擊點位」，分別對應左方標示編號A-1、B-1的空方套牢點區位。

編號A：

於本張K線圖表畫面左邊，這一路的向下跌幅，使得均線處空方排列深不可測。但到了100年9月30日，盤面突然發動強力的漲勢，拉出一根紅K（編號X），當時的股價是67.9元（盤中高點是68.5元）。從圖上來看，第一次攻入10MA時的價格是67.65元，投資人先以反彈視之，而後股價呈現盤堅橫盤修正指標後，再攻擊到編號A點100年10月28日，而當時股價是71.6元（盤中高點是74元），往左邊對應A-1點位是100年9月9日，而當時股價是72.1（盤中高點是74元）。也就是說這一次的拉抬，是想給A-1區當時套牢的人去賣出手中持股的動作。

編號B：

K線壓回稍做整理，再次築出多方階梯，其一路向上再攻擊到編號B點100年11月14日，而當時股價是72.1元（盤中高點是72.5元），往左邊對應B-1點位是100年7月28日，而當時股價是75.8元（盤中高點是76.55元），也就

是還有一段往上的路途要走。但於隔天100年11月15日，股價卻沒有再往上反而急轉下，而當時股價是71.2元（盤中高點是72.3元），一舉跌破上升的月均線（當時的股價是71.94元），所以這裡合理懷疑這次將使出的飆風型是弱勢或是失敗的可能。

所以經過編號B處的破線，於100年11月15日布局，當時股價71.2元，你應先設定停利的出場點。

執行後成果：

依「80-主升-飆風進擊戰法」停損的關鍵價位，在100年11月15日，當時股價約71.2元時停利出場；到了當年度11月25日，股價跌到64.4元（盤中低點是64元），價差約6.8元。從71.2元看到訊號後出場，到64.4元，共花9個交易日，少賠了約9.6％下跌幅度。

$ 看圖操課抓飆股：3443創意

　　上圖右方標示編號A、B，分別代表「多方階梯的進擊點位」，分別對應左方標示編號A-1、B-1的空方套牢點區位。

編號A：

於本張K線圖表畫面左邊，這一路的向下跌幅，使得均線處空方排列深不可測。但到了100年8月15日，盤面突然發動強力的漲勢，拉出一根紅K（編號X），當時的股價是101.5元（盤中高點是101.5元）。從圖上來看，第一次攻入10MA時的價格是101.25元，投資人先以反彈視之，而後股價呈現盤堅橫盤修正指標後，再攻擊到編號A點100年9月2日，而當時股價是104.5元（盤中高點是105元），往左邊對應A-1點位是100年08月17日，而當時股價是101（盤中高點是104.5元）。也就是說這一次的拉抬，是想給A-1區當時套牢的人去賣出手中持股的動作。

編號B：

K線壓回稍做整理，再次築出多方階梯，其一路向上再攻擊到編號B點100年9月16日，而當時股價是124元（盤中高點是124元），往左邊對應B-1點位是100年7月28日，而當時股價是119.5元（盤中高點是125元），也就是

說這一次的拉抬,是想給B-1區當時套牢的人去賣出手中持股的動作。

編號C:

K線最後一次壓回,接近編號4再次築出一多方階梯底部起漲區處,投資人可順勢搭轎期望飆風進擊戰法點,而此股也不負眾望於100年10月18日長紅K,當時股價是135元(盤中高點是135.5元)一路上攻過前高100年09月22日,當時股價盤中高點是133.5元。其理應一路上衝,因穿越後上漲已進入無壓的真空狀態,但就在隔天,於100年10月19日,於編號C當時股價132.5元(盤中高點是138元),盤中見高急轉而下,於100年10月21日當時股價是124元(盤中低點是119.5元),已跌破編號5階梯,也就是於100年10月18日長紅K,當時股價是135元(盤中低點是125元)處,更一舉跌破上升的月均線(當時的股價是125.37元),所以這裡合理懷疑這次將使出的飆風型是弱勢或是失敗的可能。

　　所以經過編號5處的破線，於100年10月21日，當時股價124元，你應先設定停利的出場點。

　　執行後成果：

　　依「80-主升-飆風進擊戰法」停損的關鍵價位，在100年10月21日，當時股價約124元時停利出場；到了當年度11月24日，股價跌到93.5元（盤中低點是90元），價差約30.5元，從124元看到訊號後出場，到93.5元，共花25個交易日，少賠了約24.6％下跌幅度。

💲 看圖操課抓飆股：2905三商行

上圖右方標示編號A、B，分別代表「多方階梯的進擊點位」，分別對應左方標示編號A-1、B-1的空方套牢點區位。

編號A：

於本張K線圖表畫面左邊，這一路的向下跌幅，使得均線處空方排列深不可測。但到了100年10月04日，盤面突然發動強力的漲勢，拉出一根紅K（編號X），當時的股價是28.5元（盤中高點是28.5元）。從圖上來看，第一次攻入10MA時的價格是28.28元，投資人先以反彈視之。而後股價呈現盤堅攻擊到編號A點100年10月27日，當時股價是33.05元（盤中高點是34元），往左邊對應A-1點位是100年09月19日，而當時股價是32.7（盤中高點是33.9元），也就是說這一次的拉抬，是想給A-1區當時套牢的人去賣出手中持股的動作。

編號B：

K線壓回稍做整理，再次築出多方階梯，其一路向上再攻擊到編號B點100年11月07日，而當時股價是34.1元（盤中高點是34.8元），往左邊對應B-1點位是100年09月09日，而當時股價是35.6元（盤中高點是35.8元），也就是

還有一段往上的路途要走。但於隔天100年11月8日，股價卻沒有再往上反而急轉下，到100年11月10日當時股價是31.2元（盤中低點是30.8元），跌破了100年11月2日的32.2元股價（盤中低點是31.5元）長紅階梯起漲點，更一舉跌破上升的月均線（當時的股價是32.13元），所以這裡合理懷疑這次將使出的飆風型是弱勢或是失敗的可能。

所以經過100年11月10日，當時股價是31.2元處的破線，你應先設定停利的出場點。

執行後成果：

依「80-主升-飆風進擊戰法」停損的關鍵價位，在100年11月10日，當時股價約31.2元時停利出場；到了當年度11月23日，股價跌到27.2元（盤中低點是27.2元），價差約4元，從31.2元看到訊號後出場，到27.2元，共花10個交易日，少賠了約12.8％下跌幅度。

4. 飆風戰法賺錢選股SOP，掌握上漲趨勢啟動時點

　　股票市場只有贏家與輸家，沒有專家。投資理財想得到驚人的報酬率，除了努力外，就是要借用別人的經驗，達到功力的快速升級，而這一切也都是有標準作業流程的！

　　這裡教會你如何借用網路資源來你挑出大概符合即將完成飆風戰法型態的股票機會，幫你從千檔股票中過濾掉9/10以上，其餘再靠自己依本書所學，自己來判別是否買進。

選股標準作業模式（SOP）：

首先進入玩股網網站

http：//www.wantgoo.com/

你會看到網頁上方有<u>飆股搜尋</u>，一點入就可，此時你會看到右邊有<u>軍團長多頭選股3</u>，直接點入就可，如下圖的表單。

1. 此表單所設定要件是，今日股價創30日新高及5日均量同時達到500張的強勢發動股。

2. 所設定創30日新高的參數，是因為80-飆風戰法為取80日K線樣本，所以參數設約30-40日，表約在半山腰處，是你開始列入追蹤的大好機會。

設定的選股條件為：

A. 近一交易日股價創30日來新高。

B. 過濾股價5元以下，五日均量在500張以下的個股。

依此選出的股票到底有多少支？趕緊往下確認。

（1）該程式執行所跑出的標的100年12月27日結果共
　　 有19檔，如下圖所示。

代號	股票	股價	漲跌	%
3691	碩禾	267.0	4.00	1.52
2347	聯強	72.90	0.30	0.41
2382	廣達	62.40	0.50	0.81
6244	茂迪	55.50	3.60	6.94
4958	KY 臻鼎	52.00	2.00	4.00
8011	台通	39.90	2.05	5.42
3519	綠能	35.60	0.70	2.01
4128	中天	35.55	2.30	6.92
3260	威剛	31.35	0.55	1.79
3105	穩懋	31.20	1.75	5.94
6290	良維	30.95	1.55	5.27
5871	KY 中租	28.40	1.00	3.65
9904	寶成	24.70	0.20	0.82
9938	百和	23.70	0.85	3.72
3296	勝德	22.85	1.45	6.78
8101	華冠	20.90	0.50	2.45
3698	隆達	20.75	0.65	3.23
5452	佶優	14.10	0.30	2.17
3452	益通	13.35	0.85	6.80

是不是減短了你很多時間又能有效率找出多方標的呢？

（2）進入細部K線解讀。這裡提供你一個眉角，編號3跟4開頭的股票要多留意，因股票小、籌碼集中，很可能是飆股。

（3）上述19檔都是多方強勢股，這裡抓了2檔漲勢較溫合的2檔來看一下未來飆風機會股的圖例鎖定。

⑤ 看圖操課抓飆股：5452佶優

上圖右方標示編號A、B、C，分別代表「多方階梯的進擊點位」，分別對應左方標示編號A-1、B-1、C-1的空方套牢點區位。

編號A：

於本張K線圖表畫面左邊，這一路的向下跌幅，使得均線處空方排列深不可測。但到了100年12月01日，盤面突然發動強力的漲勢，跳上過壓10日線K（編號X），當時的股價是11.85元（盤中高點是12元）。從圖上來看，第一次攻入10MA時的價格是11.44元，投資人先以反彈視之，而後股價呈現盤堅攻擊到編號A點100年12月21日，而當時股價是13元（盤中高點是13），往左邊對應A-1點位是100年11月21日，而當時股價是12.05（盤中高點是12.85元），也就是說這一次的拉抬，是想給A-1區當時套牢的人去賣出手中持股的動作。

編號B：

依階梯過前高，K線必會壓回稍做整理，但觀察這次直衝不回來到攻擊到編號B點100年12月27日，而當時股價是14.1元（盤中高點是14.15），往左邊對應B-1點位是100年11月3日，而當時股價是13.85（盤中高點是14.2元），也就是說這一次的拉抬，是想給B-1區當時套牢的人去賣出手中持股的動作。

預測編號C：

若依階梯過前高，K線必會壓回稍做整理，故預估此次應會小拉回數日，若是你是短空，知道此方法也可順勢小空一下，等下次轉折時出手。轉折點位預估落點會落於10日線之間，而下次目標高點是C點約15.3元後，飆風完整型將成立。依目前來看只來到半山腰，也就是還有一段往上的路途要走，故應把握壓回的轉折切入。因為屬預測走勢，後續讀者可似尋寶般自己對照一下，這種多空對奕的觀念，通常能帶給你無法想像的豐碩成果。

⚙ 看圖操課抓飆股：5309系統

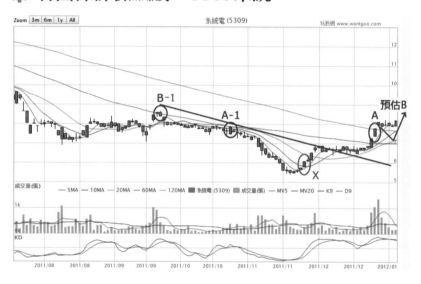

上圖右方標示編號A、B，分別代表「多方階梯的進擊點位」，分別對應左方標示編號A-1、B-1的空方套牢點區位。

編號A：

於本張K線圖表畫面左邊，這一路的向下跌幅，使得均線處空方排列深不可測。但到了100年11月29日，盤面突然發動強力的漲勢，拉出一根紅K（編號X），當時的股價是6.1元（盤中高點是6.1元）。從圖上來看，第一次攻入10MA時的價格是5.83元，投資人先以反彈視之。而後股價呈現盤堅攻擊到編號A點100年12月28日，而當時股價是8.19元（盤中高點是8.3），往左邊對應A-1點位是100年10月31日，而當時股價是7.84（盤中高點是7.9元），也就是說這一次的拉抬，是想給A-1區當時套牢的人去賣出手中持股的動作。

預測編號B：

依階梯過前高，K線必會壓回稍做整理，再次築出多方階梯的原則。觀察了其100年11月29日，此股果然見壓回，若是你是短空知道此方法也可順勢小空一下，等下次轉折時出手。而轉折點位預估落點會介於3紅兵第一次突破缺

口處高點，也就是約100年12月26日的高點7.3元之上。若
此重要關鍵點被跌破，飆風型成立的可能性將會降低，若有
守此低，則下一個一路向上再攻擊到編號B點的預測高點位
約8.6元，將會如圖左B-1──100年09月29日，而當時股
價是8.6元（盤中高點是8.6元），也就是還有一段往上的路
途要走，故應把握壓回的轉折切入。因為屬預測走勢，後
續讀者將可似尋寶自己對照一下，若走飆風型會拉到B區點
位，是為能使B-1區當時套牢的人去賣出手中持股的洗盤動
作。

5. 順勢而動是正確的操作法則

Chapter 2

　　《孫子兵法》作戰篇：「兵貴勝，不貴久。」強調的是速戰原則。沒有錯，速度是決勝的關鍵，但也可能是失敗的禍因，何以如此說？

　　因為勝算的法則，它的前提是在於運用運動的兵勢要「勢險、節短」，你的攻勢才能造成有利態勢，出奇制勝，說白話一點就是如果你連方向都搞不清楚，一旦前面遇到懸崖，豈不出師未捷身先死，猶如二隊比賽籃球，為求快而把球投入自己籃框可以嗎？因此要知腳步的快慢不是致勝重點，致勝重點是方向的正確性。

軍團長提點

　　股價的方向不是你我能決定，尊重市場，而市場該
往哪個方向則是由趨勢而定。

　　這趨勢的辨別猶如你去釣魚時該做的動作。

　　這樣說你還不知道嗎？讀完以下故事，你就知重點應該
是什麼。

　　一個年輕人去拜訪一位大師，向他請教為人處世之道，
大師給他講了三個故事。

　　第一個故事：有一拙一巧兩個青年，同時到水塘釣魚。

　　時間一分一秒地過去，兩個人均毫無所獲。這時，拙者
仍然堅守在原地，保持著原有的姿勢，使用著同樣的方法，

而巧者則不停地變換著釣魚的地點,不斷試驗新的方法,甚至更換了釣具。

如此這般,一天下來,拙者收穫頗豐,巧者一無所獲。

年輕人聽後,若有所悟地點點頭:「我明白了,為人處事不應該朝三暮四、蜻蜓點水,否則終將一事無成。」

大師只是笑笑,講了第二個故事還是這兩個人,巧者在經過數次嘗試後,終於找到了一個最佳位置,選擇了最佳的釣具和最佳的方法,不斷釣到大魚。拙者不為所動,以不變應萬變,卻再也沒有釣到魚。

這個年輕人有些遲疑:「我想,也許人還應該不斷地總結經驗,不斷地嘗試並尋找最合理的生存方式,而不應該刻板教條,更不應該執迷不悟。」

大師沒有表態,接著講了第三個故事:兩個釣魚的人雖然都竭盡了全力,但無論拙者多有耐心,也無論巧者如何嘗試,最終兩個人都沒有再釣到魚。

「為什麼？」

年輕人不禁疑惑起來，那做人還有準則嗎？

「因為這個地方可能根本就沒有魚！」大師笑了起來。

其實股市中不也是如此。

你常常在做一些本末倒置的事，若這一溪根本沒有魚，縱使你再多有耐心，也無論你多聰明都只是虛耗時間，前人教你做事要快但也要做對事，否則只是多一項做得很快的錯事而已。

軍團長提點

　　股市躁進不得，急事也需緩辦，因為股市腳步的快慢不會是致勝重點，致勝重點是方向。

接下來我們進入正題——勢／位階，以月輔日。

做股票的迷思，總在於不敢下去追高，總想說現在追進是不是會替別人抬轎，那買低位階的股票是否就能安全點，答案當然是否定的。因為在每日的變動中，固然跌幅已深，自認股票也滿優的；但會不會止跌，真的沒有人能有幾分把握，就像你認為當下位階應已是低檔，但結果常是相反，在趨勢下它若已是一個下跌的中繼站而已，你則只是見樹不見林，這裡舉實例說明。

⚙ 看圖操課抓飆股:2353宏碁(日線)

當在A跟B的位置點約100年1月期間,股價盤整多時,你以為要創高而買入,結果必高檔套牢。因為你方向沒弄清楚,若此時你看遠點,用月線看它100年1月的期間位置會是如何,你應該已嚇出一身冷汗來了吧!

100年1月的期間位置如下圖：

💲 看圖操課抓飆股：2353宏碁（月線）

　　此時見1月的長黑（趨勢方向）是往下，表任何反彈的搶入都是錯，會跌到多少，就讓自然慣性定律去決定它，我們充其量只能做個跟隨者。

　　最後還是再次強調：腳步的快慢不會是致勝重點，致勝重點是方向。

　　既然說到趨勢是如此，但跌勢中也仍有空方的強彈機會，又從每個月的交易中，誰最有能力來影響每日行情的走勢，其當然就能掌控台股的漲跌。這個對象自然是非外資莫屬，所以我們就必須更往源頭去探尋，進而深入瞭解外資於台股指數期貨的多空動態，並與其站在最有利的一方，去從事有關的期權與股票交易才對。

⚙ 外資期貨部位多空vs.台股盤勢

台灣從2004年正式取消外資來台投資證券市場之限制，隨後，外資即快速湧入台股市場，持有台股所占總市值比重也逐年升高。

隨著證券市場開放程度的持續提高，外資投資台灣股市的規模不斷擴大。目前進入台灣股市的外資超過2000億美元，約占台灣股市總市值的34%，對台灣股市的影響越來越大。故外資在台灣股市扮演著極為重要與特殊的角色。

外資投資台股大幅擴張，其大量買進台股，成為帶動台股上漲與下跌的主力部隊，因此對外資多空的動態觀察更加顯得重要，但你會看嗎？現在就來教會你。

首先：

1. 進入期交所網站/

http：//www.taifex.com.tw/chinese/index.asp，進入後點選左上方交易資訊欄位。

如下圖表

總表

單位：口數；百萬元　　　　　　　　　　　　　　　　　日期2011/11/28

身份別	交易口數與契約金額					
	多方		空方		多空淨額	
	口數	契約金額	口數	契約金額	口數	契約金額
自營商	193,139	29,731	195,080	29,238	-1,941	493
投信	106	146	528	118	-422	28
外資	57,002	44,032	51,509	39,819	5,493	4,213
合計	250,247	73,909	247,117	69,175	3,130	4,734

身份別	未平倉口數與契約金額					
	多方		空方		多空淨額	
	口數	契約金額	口數	契約金額	口數	契約金額
自營商	216,308	15,996	342,405	17,944	-126,097	-1,948
投信	12,644	3,480	4,241	1,661	8,403	1,819
外資	289,455	57,172	387,754	82,175	-98,299	-25,003
合計	518,407	76,648	734,400	101,780	-215,993	-25,132

2. 此時你可將游標往下，你將可看到總表處，交易口數與契約金額表／未平倉口數與契約金額表。

這兩張表非常重要，由這兩張表可看出外資今天是多單總口數增5493口，但未平倉口數與契約金額表卻是加空98299口，顯示並未翻多態勢。

此時我們只要找到那大咖並知道他的多空動向就可，透過分析外資期貨部位多空，從外資在台指期貨的留倉部位，了解外資的多空看法。因為期貨的特性有槓桿大而且速度快、作用力強，因此只要分析一下這最大咖外資的期貨部位是多還是空，就可以知道外資對於後市的看法了。

這個資料公開在台灣期貨交易所的網站上，每天於下午三點，期交所就會公布外資今天的期貨留倉狀態。

上面是所有期貨交易情況，你也可簡單來看只有台指期部分就可，在http：//www.taifex.com.tw/chinese/3/7_12_3.asp就可以找到台指期部分外資期貨留倉部位資料了。

期貨契約

單位：口數；千元　　　　　　　　　　　　　　　　　　　　　　　　日期2011/11/28

序號	商品名稱	身份別	交易口數與契約金額						未平倉餘額					
			多方		空方		多空淨額		多方		空方		多空淨額	
			口數	契約金額	口數	契約金額	口數	契約金額	口數	契約金額	口數	契約金額	口數	契約金額
1	臺股期貨	自營商	15,502	21,359,737	15,511	21,365,855	-9	-6,118	8,024	11,094,331	7,863	10,818,996	161	275,335
		投信	106	146,154	83	114,389	23	31,765	1,265	1,749,748	1,104	1,527,053	161	222,695
		外資	26,378	36,327,256	23,918	32,946,285	2,460	3,380,971	32,995	45,584,467	49,636	68,644,593	-16,641	-23,060,126
2	電子期貨	自營商	858	866,040	863	870,490	-5	-4,450	778	788,989	469	475,487	309	313,502
		投信	0	0	0	0	0	0	98	99,392	35	35,497	63	63,895
		外資	1,448	1,460,910	1,466	1,479,876	-18	-18,966	2,111	2,140,976	3,031	3,074,040	-920	-933,064
3	金融期貨	自營商	647	494,116	659	502,910	-12	-8,794	430	329,288	388	297,095	42	32,193
		投信	0	0	0	0	0	0	51	39,056	90	68,922	-39	-29,866
		外資	1,762	1,343,909	1,557	1,188,121	205	155,788	664	508,491	3,998	3,061,610	-3,334	-2,553,119

　　找到外資的期貨留倉部位後，要如何判定外資的多空看法呢？依據過去的資料，以及個人的經驗可以提供大家一個簡單的多空判定方式：

（a）就是最大的極致化，多單與空單的增減都會有持續性，我們只要注意推升的頂端多單口數相對的高轉就是賣點。

　　舉例外資多單與空單的買盤與大盤指數漲跌關係給你

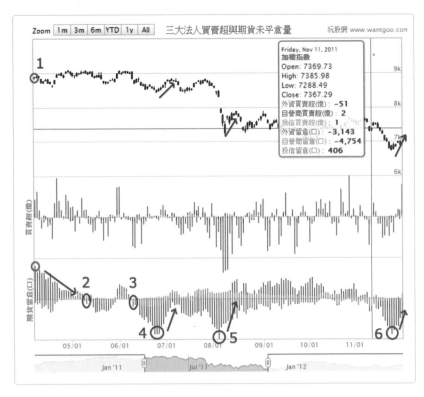

*http://www.wantgoo.com/stock/threeall.aspx

　　依上圖，我們知道外資到底有多少多單或是空單不用太過在意，只要知道目前外資是看多或是看空未來的趨勢方向及目前的位階如何就可。

觀察編號1：

外資多單約15000口，但後繼無力再增加多單，外資2度多轉空於編號2跟3位置。

觀察編號4：

外資空單約16000口，但後繼無力後再加空變回補，抓到這轉折低就是我所說的極致賣空力耗竭，進入縮腳轉多趨勢因此而起，指數如期彈升。

觀察編號5：

乃至觀察編號6（為目前台股現況）從21000口空單，但後繼無力補空，指數應會有彈升機會可期待。

後續於12月30日回頭經過再驗證指數是7072點收盤，而繪至上圖當時指數低是6650點。

（b）外資期貨淨部位 ＞ 2000為外資看多脫離底部增溫。

外資期貨淨部位 < -2000為外資看空脫離底部加速。

通常你在期貨交易上常會聽到「特定交易人」，到底什麼是特定交易人？

期貨大額交易人未沖銷部位結構表，表中的前五大交易人、前十大交易人、特定法人都是期交所揭露內容：

各商品未沖銷部位排名前五名及前十名交易人之未沖銷部位合計數及百分比，所揭露各商品未沖銷部位數量，係依期貨交易人統一編號歸戶後再依數量排序，取排序前五名及前十名交易人之未沖銷部位數量加總。

其包括特定法人，包括證券商、外國機構投資人、證券投資信託基金、國金基金、公務人員退撫基金、勞退基金、勞保基金、郵政儲金匯業局郵政資金、金融業及保險機構。

但總歸這些的影響變動性都比不上我們觀察外資期貨淨部位來判斷多空，擬定操作策略來的有效果。

雖然你不一定有操作期貨，但期貨有價格發現功能，影

響著盤勢變化，若多空都判斷失誤，股票又如何能勝出？今天已教會你，希望你未來投資路上能趨吉避凶。

技術分析（一）
量價關係／均線位階

選股勝率縱有7、8成　但2成的例外當做好控管

對任何一個買入者而言，市場成交量與價格的關係密切，無論在任何價格，必然有一個相對應的賣出者，透過技術分析法的低檔背離的特性，及各類股中最先被引動的強股，搭配多方型態選股條件及方法。本章教會您如何快速選到強勢飆股，但謹記凡事都有例外，需接受有限虧損的觀念。

Chapter3

瞄準飆股零失誤
排除例外

股市就是投機，你也可以說是投資。

機者逢天時地利人和，時機不對，縱然你億萬家財也損失於一瞬間，其實說穿了關鍵因子就是價、量、位階，才是行情研判的三要素。

選股不如選時，善買不如善賣。

股價上漲三步曲——盤底、突破、飆漲！

股市中的資金總是朝最有利的方向流動。

誰掌握了股市變化的「趨勢」，誰就是贏家。

經驗是可以培養的，現在就跟你講股市多方型態選股條件及方法。

1.

多方型態選股條件
及方法

🏵 週線黑馬三大要素──精選強勢股

您所設定的選股條件為：

1. KD值的9K值大於15（週）

2. KD值的9K值大於9D值（週）

3. KD值的9K值小於25（週）

過濾股價5元以下，五日均量在500張以下的個股。

一樣是進入玩股網網站

http：//www.wantgoo.com/

你會看到網頁上方有<u>飆股搜尋</u>—點入就可，此時你會看到右邊有<u>軍團長多頭選股2</u>，直接點入就可，如下圖的表單。

以下條件與今日股價比較

☐ 今日股價創 _____ 日來新 高 ▾ ⊘
均線 ☐5日 ☐10日 ☐20日 ☐60日 ☐120日 ☐240日合一在 1% ▾內⊘

| 5 | < 股價 < | | ⊘ | | < 漲跌幅%(-7~7) < | | ⊘ |

_____ < 離 季線 ▾ % < _____ ⊘   _____ < 價量分數(-40~40) < _____ ⊘

500 < 五日均量(張) ▾ < _____ ⊘

15 < 周 ▾ K ▾ 值 < 25 ☑K > D ⊘

_____ < 連續 短期均線 ▾ 多/空頭排列 天數 _____ ⊘

_____ < 1個月內 ▾ 短期均線 ▾ 多/空頭排列累積天數 < _____ ⊘ (可以只填上限或下限或都不填)

隨週線運行要素，當周9K已脫離盤整區向上穿越周9D時，表示不管是屬於月線長線修正的反彈，或其週KD50以下的弱勢彈，目前都應堅決買進。因為周線起攻的黑馬往往以升幅之大來形容，如果不善用這時間的優勢力，而去採取守勢股市低檔布局，其等待獲利的成果是辛苦而且漫長的。

依上述條件選出圖表將如下：

代號	股票	股價	漲跌	%
1314	中石化	26.95	-0.35	-1.28
1447	力鵬	8.00	0.04	0.50
1538	正峰新	20.05	0.00	0.00
1785	光洋科	31.10	0.75	2.47
2014	中鴻	8.80	0.09	1.03
2031	新光鋼	17.80	-0.25	-1.39
2332	友訊	20.45	0.10	0.49
2376	技嘉	21.20	-0.10	-0.47
2471	資通	14.60	-0.40	-2.67
2498	宏達電	497.0	3.00	0.61
2511	太子	16.20	-0.30	-1.82
2607	榮運	14.15	0.00	0.00
2801	彰銀	16.45	0.05	0.30
2833	台壽保	17.55	-0.05	-0.28
3294	英濟	13.25	-0.10	-0.75
3325	旭品	15.40	-0.10	-0.65
3390	旭軟	28.80	0.00	0.00
3450	聯鈞	40.10	2.60	6.93
3455	由田	26.40	0.85	3.33

　　從上述所設條件，我們共選出有19檔將走中多的股票，當然你也可以再設定價位區間來縮小打擊目標。

　　我們來看看所選股票它週KD剛向上未來可能將到達的位階。

💲 看圖操課抓飆股：3455由田

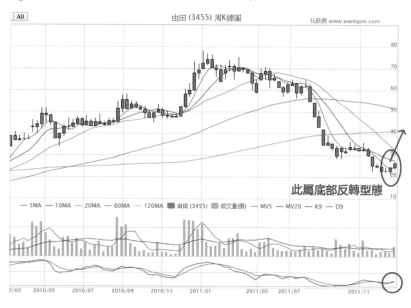

由田 (3455) 周K線圖

玩股網 www.wantgoo.com

此屬底部反轉型態

— 5MA — 10MA — 20MA — 60MA — 120MA ■由田 (3455) ■成交量(張) — MV5 — MV20 — K9 — D9

1. 依此圖週線K值24.38％＞週線D值23.15％，屬低檔黃金交叉。

2. 依此圖週K線來看，100年12月12日收盤價22.8元（盤中最高價24.55元），次週100年12月19日收盤價24.7元（盤中最高價24.7元），再次週100年12月26日收盤價26.4元（盤中最高價27.3元），為高點步步高升反多型態，外側三紅，來日方長走勢。

$ 看圖操課抓飆股：3450聯鈞

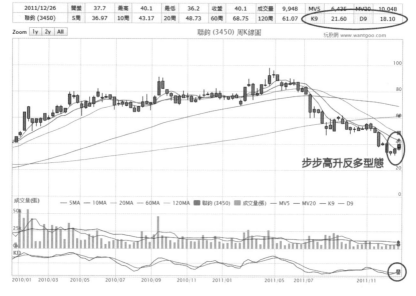

| 2011/12/26 | | 開盤 | 37.7 | 最高 | 40.1 | 最低 | 36.2 | 收盤 | 40.1 | 成交量 | 9,948 | MV5 | 6,425 | MV20 | 10,048 |
| 聯鈞 (3450) | 5周 | 36.97 | 10周 | 43.17 | 20周 | 48.73 | 60周 | 68.75 | 120周 | 61.07 | K9 | 21.60 | D9 | 18.10 |

聯鈞 (3450) 周K線圖　　　玩股網 www.wantgoo.com

步步高升反多型態

1. 依此圖週線K值21.6％＞週線D值18.10％，屬低檔黃
   金交叉。

2. 依此圖週K線來看，100年12月12日收盤價33.4
   元，次週100年12月19日收盤價36.8元，再次週
   100年12月26日收盤價40.1元，為高點步步高升
   反多型態，外側三紅，來日方長走勢。

外側三紅、來日方長的「反多型態型」

黑K線被隔日的長紅K環抱或吞噬，即所謂的「吞噬」或「貫穿」線，為多方強力反擊的格局。吞噬及貫穿線是強烈的變盤訊號，因此當出現翻空為多的外側三紅型態時，局勢有利於多頭發展，投資人應該積極進場找點買入。

而這方法所選的標的都會不時出現漲停的走勢，這並不會太意外。

於101年2月6日回頭檢示3455由田，其收盤價已來到34.5元（其程式選股篩選出時股價為26.4元，短短期間已漲8.1元漲幅為30.68％）。

於101年2月2日回頭檢示3450聯鈞，其收盤價已來到52.5元（其程式選股篩選出時股價為40.1元，短短期間已漲12.4元漲幅為30.92％）。

Chapter 3

2. 從領頭羊中找強股，每天看盤精采可期

依照標準作業模式選股，每天看盤都精采可期。

操作那些有希望的類股，出脫那些沒有希望的類股，當主流股轉弱通常大盤也已經見高，別再期望落後的二線補漲股能當大將。

💲 尋找強勢主流類股

又什麼叫主流類股？主力法人能炒什麼題材？

至少要先找未來產業前景佳、或有重大發展潛力、本益比強、有話題可為未來帶來一整年談論的題材。如近期火熱

的Smart TV、雲端4G、LTE、生醫美容等，但這裡我們的特別定義是——當天群聚漲幅前三名的類股，再看它類股漲幅增量比率，若有明顯放量，大概就八九不離十，就是本波主流類股，並可從中剝絲抽繭找到強勢股。

圖表一：類股漲幅

■上市分類								上櫃分類 ▼ 移至
電子通路	▼0.10%	紡織	▼0.20%	造紙	▼0.21%	貿易百貨	▼0.49%	鋼鐵 ▼0.67%
水泥	▼1.02%	資訊服務	▼1.08%	電腦週邊	▼1.11%	其他	▼1.15%	半導體 ▼1.15%
通信網路	▼1.16%	塑膠	▼1.25%	化學	▼1.29%	生技醫療	▼1.36%	其他電子 ▼1.43%
橡膠	▼1.45%	電子零組件	▼1.48%	電器電纜	▼1.54%	電機	▼1.55%	航運 ▼1.61%
玻璃	▼1.63%	食品	▼1.72%	觀光	▼1.82%	汽車	▼1.93%	光電 ▼2.13%
營建	▼2.15%	金融	▼2.75%	油電燃氣	▼2.76%			

　　從圖表一中類股漲幅來看，101年1月2日收盤價，雖都是跌，但跌幅較小的前三名依序是電子通路-0.1%、紡織纖維-0.2%、造紙-0.21%，若要選強勢股當然要找這三類股進行。

做法：

步驟一，此時可進入玩股網類股明細查強勢股如下列網址，http：//www.wantgoo.com/stock/class.aspx

步驟二，此時如我們要點選較強的紡織類股細目來看，可直接點選該類股名稱連結（或鍵入http://www.wantgoo.com/stock/classcont.aspx）。

圖表二：紡織類股細目

我們將看到如下圖細目：

■ 上市紡織類股

即時成交漲跌 　資券主力行情

代號	股票	股價	漲跌	%	開盤	最高	最低	昨收	成交量
1447	力鵬	8.56	▲0.56	+7.00%	8.00	8.56	8.00	8.00	7,936
1449	佳和	2.20	▼0.01	-0.45%	2.20	2.24	2.20	2.21	31
1451	年興	20.15	▲0.10	+0.50%	20.05	20.15	20.00	20.05	279
1452	宏益	9.14	▲0.35	+3.98%	8.85	9.30	8.85	8.79	375
1453	大將	8.55	▲0.05	+0.59%	8.54	8.80	8.53	8.50	51
1454	台富	7.13	▲0.04	+0.56%	7.16	7.35	7.11	7.09	252
1455	集盛	11.65	▲0.75	+6.88%	10.90	11.65	10.80	10.90	8,075
1456	怡華	1.91	0.00	0.00%	1.91	1.91	1.91	1.91	0
1457	宜進	7.04	▲0.22	+3.23%	6.79	7.18	6.79	6.82	2,691
1459	聯發	10.15	▲0.63	+6.62%	9.64	10.15	9.64	9.52	904
1460	宏達	6.45	▼0.05	-0.77%	6.48	6.50	6.30	6.50	580
1463	強盛	7.68	▲0.03	+0.39%	7.65	7.70	7.58	7.65	469
1464	得力	9.09	▼0.21	-2.26%	9.21	9.35	9.09	9.30	57
1465	偉全	13.10	▼0.05	-0.38%	13.05	13.35	13.05	13.15	62
1466	聚隆	17.35	▲1.10	+6.77%	16.25	17.35	16.05	16.25	1,762

步驟三，我們看見有力鵬、集盛、聯發、聚隆四檔漲停，而量能也確實有放大，故我們應加以鎖定其盤中有壓回的買進點。

檢視：101年1月3日收盤價力鵬＋0.59、6.89％漲停、集盛＋0.6漲5.1％、聯發＋0.15漲1.5％聚隆＋0.65漲3.75％，而盤中利多原因是ECFA加持加工絲關稅調降及天氣嚴寒……。

順大勢走大道——尋找弱勢股

因為我們當天看到漲幅類股明顯小於跌幅類股，此時我們首先應該聯想到，大盤處弱勢或大環境可能是日線走空，故依趨勢而行。我們正確的做法是，選最弱勢股進來行殂空以求快速獲利，又能減低股市下跌風險。

故從圖表1中類股跌幅來看，101年1月2日收盤價，跌幅前三名依序是油電燃料-2.76％、金融-2.75％、營建-2.15％，若要選弱勢股當然要找這三類股進行。

做法：

步驟一，此時可進入入玩股網類股明細，查弱勢股如下列網址，http：//www.wantgoo.com/stock/class.aspx

步驟二，如我們點選營建類股細目來看，http：//www.wantgoo.com/stock/classcont.aspx?id=32

圖表三：營建類股細目

我們將看到如下圖細目：

■ 上市營建類股

即時成交漲跌	資券主力行情

代號	股票	股價	漲跌	%	開盤	最高	最低	昨收	成交量
2543	皇昌	5.94	▼0.05	-0.83%	5.80	6.05	5.80	5.99	45
2545	皇翔	44.05	▼1.85	-4.03%	45.90	46.00	44.00	45.90	1,219
2546	根基	13.90	▼0.15	-1.07%	14.30	14.30	13.90	14.05	29
2547	日勝生	20.70	▼0.40	-1.90%	21.20	21.30	20.70	21.10	3,227
2548	華固	60.3	▼1.0	-1.63%	61.8	61.8	60.1	61.3	31
2597	潤弘	24.75	▼0.05	-0.20%	24.50	24.75	24.10	24.80	31
2841	台開	11.50	▼0.05	-0.43%	11.50	11.60	11.30	11.55	881
3056	總太	19.60	▲0.60	+3.16%	20.00	20.00	19.35	19.00	724
3703	欣陸	10.95	0.00	0.00%	10.80	10.95	10.65	10.95	475
5515	建國	13.05	▼0.10	-0.76%	13.05	13.10	13.00	13.15	177
5522	遠雄	46.10	▼1.40	-2.95%	47.80	47.80	46.10	47.50	580
5525	順天	13.80	▼0.10	-0.72%	14.10	14.15	13.60	13.90	469
5531	鄉林	21.55	▼0.85	-3.79%	22.60	22.60	21.40	22.40	57
5533	皇鼎	17.55	▼0.25	-1.40%	17.80	17.85	17.15	17.80	62
5534	長虹	48.55	▼1.65	-3.29%	50.20	50.50	48.55	50.20	1,762

步驟三，我們看見有皇翔、遠雄、鄉林、長虹隆四檔跌幅都大於該類股-2.15％。故我們應加以鎖定其盤中有拉高平盤機會進行放空動作，因其屬於弱勢中的更弱股，當大盤漲時其可能還在續跌。

檢視：101年1月4日新聞頭條「交易量跌半！興富發自砍房價25％」，興富發痛下決定降價，在房地產界已經打滾三十多年，其市場敏銳度高，有南霸天和獵地王封號，這一回開出降價第一槍，震撼房市也將影響整體市場行情。

收盤價營造建材跌幅1.25％再居市場之冠。

3. 量價結構的現象，抓住低檔背離的可能

量價結構的演變可以有九種現象，但真正可以加以運用背離的機會只有在2跟7發生時候。

1. 價漲量增：成交量增加，股價上揚，代表該股買氣很強，後勢仍有上漲空間。

2. 價漲量縮：成交量減少，股價仍繼續上漲，表示買氣不足，後勢有下跌壓力。

3. 價漲量平：成交量持平，股價仍繼續上漲，表示買氣出現停滯，趨勢可能出現反轉向下。

4. 價平量增：成交量放大，股價卻維持不動，若在低檔區表示主力正在進貨，若已下跌一段時間可能止跌回穩。

5. 價平量縮：成交量萎縮，股價維持不動，若股價已經上漲一段時間，代表高點可能出現，若下跌一段時間，代表底部逐漸成形。

6. 價平量平：成交量與股價維持平行，此時觀望為宜。

7. 價跌量增：成交量增加，股價卻下跌，若已經下跌一段時間，表示可能主力開始進貨。

8. 價跌量縮：成交量減少，股價卻下跌，若股價剛跌可能續跌；若再跌一段時間，則觀察底部可能即將出現。

9. 價跌量平：成交量持平，股價仍下跌，後勢可能出現盤整或盤跌。

　　也許你會問到底是看量或看價？其實兩者是相輔相成的關係，既然關心是價格，故我們將價格先鎖定，當股價處高檔大跌，一開始量會小縮。（因為買賣方都反應不來，而後量開始小增，但賣方想保獲利砍倉故價仍大跌；最後會出現價小跌，量大增，因為已有大戶買入動作）。而反之當股價處低檔大漲，一開始量會小縮。（因為買賣方都反應不來，而後量開始小增，但當沖賣方仍於場內當沖出貨；故價會大漲量會出現小增，但最後發布利多搶入者眾，出現量大增價小漲時，表此行情將走完要留心K線高轉的訊號。）

　　我們來舉幾個實例看看量價背離或指標背離的情況說明。

💲 看圖操課抓飆股：2427三商電

1. 依此圖編號A位置：於100年8月16日線K值81.61％，往上所對應的編號C位置當時股價是17.15元（盤中最高價17.9元）。

2. 依此圖編號B位置：於100年9月2日線K值79.6％，往上所對應的編號D位置當時股價是18.65元（盤中最高價18.65元）。

故對照下，我們發現是股價過高指標沒過高的指標背離，所以於D點我們應特別保持警戒，到隔天100年9月5日出現高腳十字棒多單宜全面退場。

3. 依此圖編號E的位置：於100年9月2日當天的量是19541張，當時股價是18.65元（盤中最高價18.65元），又比較於100年8月11日當天的量是22047張當時股價是16.6元（盤中最高價17.35元），故我們發現100年9月2日也是一個股價過高量不創高的量價背離，符合我們上面所講，當最後發布利多搶入者眾，出現量大增價小漲時，表此行情將走完要，留心K線高轉的訊號就在100年9月5日。

💲 看圖操課抓飆股：5388中磊

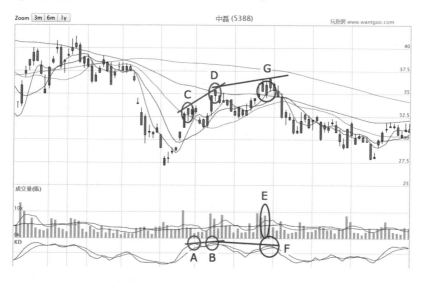

1. 依此圖編號A位置：於100年10月17日線K值81.52%，往上所對應的編號C位置當時股價是33元（盤中最高價33.7元）。

2. 依此圖編號B位置：於100年10月21日線K值82.11%，往上所對應的編號D位置當時股價是34.8元（盤中最高價34.8元）。

故對照下我們已發現是股價屬過高正背離，表未來拉回還會創D點的位階高，所以可以守低的波段起漲低，準備做買入動作。

3. 依此圖編號F位置：於100年11月10日線K值71.69%，往上所對應的編號G位置當時股價是36元（盤中最高價36.4元）。

   故與編號B、D對照下，我們已發現是股價過高指標沒過高的指標背離，所以於G點我們應特別保持警戒，到隔天100年11月11日出現震幅4％以上長黑K，此時多單宜全面退場。

4. 依此圖編號E的位置：於100年11月10日當天的量是8802張當時股價是36元（盤中最高價36.4元），又比較於100年10月26日當天的量是8928張當時股價是34.3元（盤中最高價35.1元），故我們發現100年11月10日也是一個股價過高量不創高的量價背離。符合我們上面所講，當最後發布利多搶入者眾出現量大增價小漲時，表此行情將走完要留心K線高轉的訊號，最後就是轉成大跌量小縮股價循環走勢。

貪婪中
蘊藏風險

已經汰弱，為何強股也轉弱？還持續汰弱嗎？

及早停損是避免長期套牢的首要法門，選擇汰弱留強也是對的，然判斷的標準為何？本章節透過獨創技術分析法——反向進化型戰法「反向川流戰法」來告訴你，找出盤頭股，即當多頭行情已遠去。進入空頭走勢時，除了出清持股外，能順勢加入空方的陣營，享受向下飆速的獲利快感。

Chapter4

反向川流戰法，永遠不用數波浪

學會反向進化型戰法——

股市的盤勢有短期、中期、長期的趨勢變化，當趨勢走空，就表示適合做空。以經濟學效益機會成本來論，雖然你多方選股或技術很厲害，但終究是逆大盤行軍，所謂沒有大盤多方的保護，是很危險的。股市先不論你能賺到多少，但至少該把風險降到最低的狀態。

應用下列將教授的原則：

1. 建議先確認中期趨勢轉空，決定作空。

2. 比較標的股的強弱度（選類股中的最弱股出擊）。

3. 注意空方慣性反彈，依我們上一本軍團長的《看圖抓飆股，1-2-3進擊戰法：短線飆派軍團長的操盤絕學》書中介紹「1-2-3戰法」空轉多點，長紅攻入10MA，當出現這空方第一次發出買進訊號點，我們將找機會做壓回點買進或融券回補。

1. 散戶打敗專家，反向川流戰法助你找出盤頭股

　　話說股票市場就是人生的縮影，最能真實反映「爾虞我詐」的坑人市場特質。

　　漲時追漲，因為報章都看大好，還引經據典，想說那麼大的財經報，應該是不會騙人，這也就是投資人在股市的最大盲點，就是對自己信心不夠、喜歡道聽塗說來堅定自己的決心，尤其是看到有整理的統計數據更是深信不疑，但結果常事與願違，股價腰斬再腰斬，成為最大受害者。一時之間心情猶如天堂掉入地獄，股市神奇美夢斷然被戳破，更對人性本善產生懷疑。

　　在此奉勸投資人歷經多次的慘痛教訓，應該發奮圖強來學一學正確的方法，透過有條理的學習，散戶也能打敗專家，技術分析不是萬能雖是事實，但沒有技術分析猶如瞎子

摸象，就只能道聽塗說，任人宰割。所以進入股市前，求你們一定要懂得技術分析並把它給磨亮，有了它就一定要能看得出大「趨勢」的方向，用你們最真誠的心去感應它。只要你們能相信它、跟著它、有它伴隨，股市其實也可以很悠遊樂在其中的，若你們害怕面對，當你們越不想去親近它，想成為股市贏家的機會就會離你越遙遠越渺茫。

在本書股市操作技巧單元裡，我將帶領你們去體會反向飆風「趨勢」，其對股市所帶來的無比影響力！

但這前提是先帶你瞭解你的標的是否是盤頭股，別人有沒有在騙你，能不能警示，讓你及時避開風險。

💲 看圖操課抓飆股：3443創意

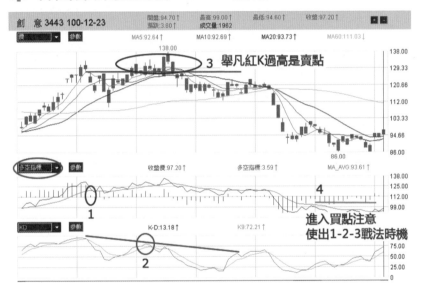

編號1：

100年9月23日股價122元被多空線往下覆蓋住，並進而內縮，此時在上漲的過程中又出現黑K加跳空右缺缺口，我們姑且認定是短線止漲訊號，只要依反向階梯戰法能守穩

前高133.5元就可。我們依此多空線內縮點,將它垂直往上對準的K線低點,此時我們將此高點,再往右邊平移,就成功標畫出一個空方領域。

此時假若股價有來突破此平移線—如編號3的過高K線,但卻能守穩前高133.5元,此時我們能配合著KD交叉向下時進行賣出,這是一個既簡單又安全的做法。

但因此股在100年10月18日股價135元更一舉突破133.5元,而這突破點被認定是有瑕疵的,如上圖編號2的KD值是一路往下走,10月18日股價的突破更是,因為仗勢著多空線給你靠,我們懷疑是走假穿頭真破底走勢,其後的演變證實了我們的看法是無誤的。

更可在這買賣的期間中,留心注意反向1-2-3戰法成型的機會,真是一舉數得。讓我們運用《看圖抓飆股,1-2-3進擊戰法:短線飆派軍團長的操盤絕學》所談內容,再來複習一下反向1-2-3戰法。

第一次跌破的關鍵點位是100年10月20日

均線處多方排列，原本多方和樂的氣氛被空方破壞，利空突然發動強烈的跌勢，股價於100年10月20日跌到127元，第一次跌破10MA（129.05元）。不過，多方還在做最後掙扎，所以暫時以多頭修正視之，不記多方一次失敗。

理由：均線10MA，當時仍處漲勢，尚未能走平。

第二次跌破的關鍵點位是100年11月10日

多方最後的垂死掙扎，反彈後再接近跌破10MA長黑處，股價於100年11月10日下跌到116元，再跌破均線10MA（118.6元），此時還是先以修正視之，並正式記錄成第一高頭的第一次失敗。

第三次跌破的關鍵點位是100年11月18日

多頭均線最後一次反彈，再接近跌破10MA長黑處時，此時想要放空或逃命的投資人，需貼緊盯盤，見再破10MA或攻不過時就融券或賣出，別等待再度出現第2根黑K；到

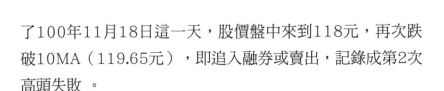

了100年11月18日這一天，股價盤中來到118元，再次跌破10MA（119.65元），即追入融券或賣出，記錄成第2次高頭失敗。

備註：最後一次的起跌通常伴隨KD的高檔摜殺。

執行後成果：

依反向「1-2-3進擊戰法」破關鍵價位，進擊於100年11月18日，用119元的價位融券或賣出，當天10MA是119.65元，一直持有到了100年11月24日回補買入，理由是短線操作又收十字變盤線，以收盤價計算到93.5元，價差約25.5元（已賣出或融券放空者），獲得操作跌幅約為21.31%。

軍團長提點

此時我們能配合著KD交叉向上時進行買入 ，這是一個既簡單又安全的做法。此如編號2搭配KD交叉向下進行賣出是一個安全的做法。

此時我們依指標來看也是背離。

編號3處一樣紅K過高是背離賣點。

目前此股多空循環走到編號4，又形成了一個多方循環，此多方築底你可用1-2-3戰法，以100年12月9日，當時股價86元為底來駕馭它。

💲 看圖操課抓飆股：2498宏達電

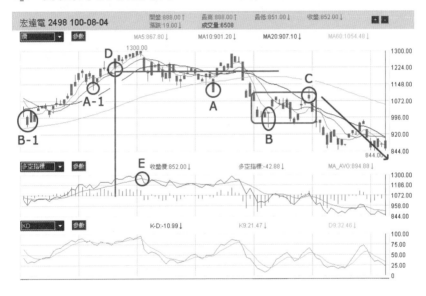

編號D：

　　100年4月19日股價1205元被多空線往下覆蓋住，並進而內縮，此時在上漲的過程中已出現連3日不創高與3日破低的空頭走勢，我們姑且認定是短線止漲訊號，只要依反向階梯戰法能守穩前高100年4月15日股價1255元就可。

我們依此多空線內縮點，此時我們將此高點，再往右邊平移，就成功標畫出一個空方領域。

此時假若股價有來突破此平移線，我們也都當它是一個空頭的反彈，而股價再往上彈升的力道應有限，而此股未來被多空線壓制，都屬高基期。

但因此股在100年4月20日股價1265元更一舉突破1255元，而這突破點被認定是空方的反彈，多方階梯的再取高，此時我們只需耐心的觀察，何時出現反向1-2-3戰法成型的機會，就是一個多方慣性的改變。

第一次跌破的關鍵點位是100年5月3日

均線處多方排列，原本多方和樂的氣氛被空方破壞，利空突然發動強烈的跌勢，股價於100年5月3日跌到1210元，第一次跌破10MA（1262.5元）。不過，多方還在做最後掙扎，所以暫時以多頭修正視之，不記多方一次失敗。

第二次跌破的關鍵點位是100年5月13日

多方最後的垂死掙扎，反彈後再接近跌破10MA長黑處，股價於100年5月13日下跌到1200元，再跌破均線10MA（1220元），此時還是先以修正視之，並正式記錄成第一高頭的第一次失敗。

接下來跌破的關鍵點位是100年5月24日與5月27日，但因時間特性未達一個月所以都不計入。

第三次跌破的關鍵點位是100年6月10日

多頭均線最後一次的拼死反彈，再接近跌破10MA長黑處時，此時想要放空或逃命的投資人，需貼緊盯盤，見再破10MA或攻不過時就融券或賣出，別等待再度出現第2根黑K；到了100年06月10日這一天，股價盤中來到1165元，再次跌破10MA（1221元），即追入融券放空或賣出，記錄成第二次高頭失敗 。

備註：最後一次的起跌通常伴隨KD的高檔摜殺。

執行後成果：

依反向「1-2-3進擊戰法」破關鍵價位，進擊於100年6月10日，用約1220元的價位融券放空或賣出，當天10MA是1221元，一直持有到了100年6月21日回補買入，理由是短線操作又收長下影紅K止跌線又過5MA均線，以收盤價計算到1020元，價差約200元（已賣出或融券放空者），獲得操作跌幅8天約為216.39%。

若短線你沒回補，因仍處於多空線內縮點空方壓制點，而反彈走不遠箱型整理後，仍是朝原趨勢續創低。

💲 看圖操課抓飆股：3622洋華

　　上圖右方標示編號A、B、分別代表「空方階梯的進擊點位」，分別對應左方標示編號A-1、B-1的多方起漲點區位。

　　而其上編號1、2、3、4，是一個空方掌控的市場，是不斷的低點破前低，其低點往下深不可測。若被跌破的反彈，是來讓你做出賣出的動作，因為表示在此點位區已出現了不少的套牢籌碼。因此多方操作者，會為保護利益戰果而殺出持股，所以就是密切觀察後續一路向下的主攻往下飆風點處如編號C，搭其轎就可。

編號A：

　　於本張K線圖表畫面左邊正好漲了3小波段，一路的向上漲升，使得均線處多方排列。隨著行情漸漸混沌，到了99年9月17日，盤面突然發動強力的跌勢，向下殺出一根黑K，當時的股價是372元。從圖上來看，第一次跌破10MA時的價格是386.1元，投資人先以回調視之，而後股價呈現反彈見編號1階梯高點（99年9月23日），當時的股價高是398元後，再往下攻擊到編號A點99年10月5日，而當時股價是341元（盤中低點是337.5元），往左邊對應A-1點位是99年8月31日，而當時股價是338元（盤中低點是336元），也就是說這一次的下殺，是對A-1區當時買進此起漲

區的人去做出空方的一次攻擊的動作。

編號X：

往下攻擊到編號A點99年10月05日對A-1區當時買進此起漲區的人去做出空方的攻擊後，股價也適度的反彈。因受到下壓的月線壓制，再往下攻擊到編號X點99年10月19日，而當時股價是326元（盤中低點是315元），與原先所預期的往下攻擊到編號X點99年10月19日，與左邊對B-1區當時買進此起漲區的人去做空方的一次攻擊的行動。但因多方反撲力量太強大，致使此次任務失敗未能一口氣強力灌壓到位，而讓多方反撲勝出。

編號B-1：

多方反撲勝出於編號X點99年10月19日，一口氣K線反彈至編號2位置是99年10月29日，而當時股價是360元（盤中高點是375元），與前階梯高99年10月7日當時股價高點的376元僅有一步之遙。但階梯沒過高是事實，空方再度展開空襲任務，傾巢而出向下再度攻擊到編號B點99年12

月2日,而當時股價是294.5元(盤中低點是290.5元),往左邊對應B-1點位是99年8月12日,而當時股價是324元(盤中低點是303元)。也就是說這一次的下殺,是對B-1區當時買進此起漲區的人去做出空方的一次攻擊的動作。

編號C:

K線於B點拉出長紅K,再向上反彈,但卻連10MA都沒有辦法挑戰。

而這也是K線最後一次的反彈,反彈至此,此時投資人要貼緊盯盤,因為真正的反向飆風進擊戰法點將要來臨。見盤中黑K於99年12月13日當時股價297.5元(盤中高點是302元)又已連3日不過前高,故合理認定這裡是往下飆風的起飆點,依照重力慣性加速度,一穿越向下將進入無撐的重力狀態,是一自由落體,這時是一刻都不能鬆懈;就在隔天,於99年12月14日,當時股價290.5元(盤中高點是302元),已跌破平台區,此時你應及時切入賣(空),因為這次的再破低再反彈機率甚低,既然股市已從高點連環套

牢編號1、2、3、4，最後主力會如何做呢？當然是向下做
出摜殺的舉動。

執行後成果：

依「80-主升-反向飆風進擊戰法點」找到編號C向下跌
破的關鍵價位，在99年12月14日，當時股價約300元時開
始進擊；依此大倒U型頭步的測幅滿足（404元-300元），
約有100元的空間到了，約25％下跌幅度可期，而實際結果
如何？到100年12月9日才過一年，股價最低跌到50.9元，
不是509元喔，小數點老師說過要看清楚點，非常重要。

💲 看圖操課抓飆股：2454聯發科

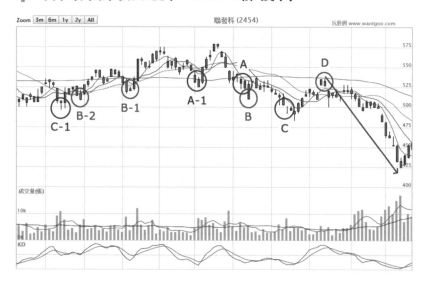

上圖右方標示編號A、B、C，分別代表「空方階梯的進擊點位」，分別對應左方標示編號A-1、B-1、C-1的多方起漲點區位。

軍團長提點

　　一個多方掌控的市場，是不斷的高點過前高，其高點往上深不可測，根本不可能被空方來挑戰而跌破，若被跌破的反彈，是來讓你做出賣出的動作，因為表示在此點位區已出現了不少的套牢籌碼。若你不賣也該提防別人倒貨動作，因為多方操作者，如果依據波浪上漲波1-2-3-4-5，當4的點位前頭守衛軍被幹掉，其簡單想就可知後續空方的動作。多方會為保護戰果而殺出持股，所以就是密切觀察後續一路向下的主攻往下飆風點處如編號D，搭其轎就可。

編號A：

　　於本張K線圖表畫面左邊正好漲了3小波段，一路的向上漲升，使得均線處多方排列。隨著行情局勢漸漸混沌，到了99年4月30日，盤面突然發動強力的跌勢，向下殺出一根黑K，當時的股價是534元，從圖上來看，第一次跌破10MA時的價格是553.7元，投資人先以回調視之，而後股

價呈現小橫盤1-2天後，再往下攻擊到編號A點99年5月5日，而當時股價是535元（盤中低點是522元），往左邊對應A-1點位是99年4月20日，而當時股價是525元（盤中低點也是525元），也就是說這一次的下殺，是對A-1區當時買進此起漲區的人去做出空方的一次攻擊的動作。

編號B-1與編號B-2：

K線於A點雖拉出長下影紅K，但卻止跌失敗，向下再攻擊到編號B點99年5月7日，而當時股價是529元（盤中低點是510元）。往左邊對應B-1點位是99年3月23日，而當時股價是519元（盤中低點是516元）與對應B-2點位是99年3月5日，而當時股價是509元（盤中低點是508元）。也就是說這一次的下殺，是對B-1區與B-2區當時買進此起漲區的人去做出空方的一次攻擊的動作。

編號C：

K線於B點拉出長紅K，再向上反彈，但卻連10MA都沒有辦法挑戰，向下再攻擊到編號C點99年5月25日，而當

時股價是491.5元（盤中低點是483元），往左邊對C-1點位是99年2月26日，而當時股價是505元（盤中低點是496元）。也就是說這一次的下殺，是對C-1區當時買進此起漲區的人去做出空方的一次攻擊的動作。

K線最後一次反彈，再接近編號D前階梯高處於99年5月11日當時股價524元（盤中高點是538元），反彈至此，此時投資人要貼緊盯盤，因為真正的反向飆風進擊戰法點將要來臨。見盤中黑K於99年6月4日當時股價527元（盤中高點是536元），而當時KD的K值是83.6，而對照前一日於99年6月3日當時股價535元（盤中高點是535元），當時KD的K值是83.96。為接近前高但沒過高，且99年6月4日的K值已轉下，故合理認定這裡是往下飆風的起飆點。依照重力慣性加速度，一穿越向下將進入無撐的重力狀態，是一自由落體，這時一刻都不能鬆懈。

就在隔天99年6月7日，當時股價520元（盤中高點是523元），出現左右對稱島型環轉，此時應及時切入賣（空），因為這次的再破低再反彈機率甚低，既然股市已從

高點連3套牢A-1、B-1區與B-2區、C-1區，最後主力會如何做呢？當然是向下做出攢殺的舉動。應證了股市走空時，你想賣出的成本點永遠沒有機會來到，而不知此原因的人，總是同意的那一句話──「股市賠了，我不賣就不賠！」透過本書學會它，你就不會有股票越套越深的遺憾。

執行後成果：

依「80-主升-反向飆風進擊戰法點」找到編號D向下跌破的關鍵價位，在99年6月7日，當時股價約520元時開始進擊；到了當年度99年7月2日，股價最低跌到424元，價差約96元，從520元看到訊號後出場，到424元回補，共花十九個交易日，賺到18.46％跌幅。

2. 越攤越貧是禁忌，反向階梯是股票邁向反向飆風之路

投資股市不一定每買必賺，依「二八定律」，所以你常聽說八成的投資者是虧損的。

面對手中的股票，你應早就設想到若有失誤時，你的處置是什麼。

要知道交易做多了必然會出現錯誤機率，我們要的是找尋方法避免犯錯，以及危機的處置。

所以當你面臨了股票可不可以攤平？尤其是又使用融資時問題更棘手，因為會賠錢表示跌已深，攤平等同於越攤越平、不可自拔。為什麼如此說，因為股價早就跌落在均線之下，而且均線是往下壓制，實務上表示易跌難漲，一有輕微上漲，就有人急於要賣出。

所以結論是：逆勢而為，終究是越攤越貧！

看圖操課抓飆股：6121新普

　　上圖右方標示編號A、B分別代表「空方階梯的進擊點位」，分別對應左方標示編號A-1、B-1與B-2的多方起漲點區位。

　　而其上編號1、2、3、4是一個空方掌控的市場，是不斷的低點破前低，其低點往下深不可測，若被跌破的反彈，是來讓你做出賣出的動作，因為表示在此點位區已出現了不少的套牢籌碼，因此為多方操作者，會為保獲利戰果而殺出持股，所以就是密切觀察後續一路向下的主攻往下飆風點處如編號C，搭其轎就可。

　　編號A：

　　於本張K線圖表畫面左邊正好漲了3小波段，一路的向上漲升，使得均線處多方排列。隨著行情漸漸不明朗，到了100年7月12日，盤面突然發動強力的跌勢，向下殺出一根黑K，當時的股價是249.5元。從圖上來看，第一次跌破10MA時的價格是249.75元，投資人先以回調視之，而後股價呈現反彈見編號1階梯高點（100年7月18日），當時的股價高是269元後，再往下攻擊，因為屬於頭部的初跌段，所以往下摜殺的力道不夠大，本次下殺才介於編號A-1之上隨即反彈到編號1階梯高附近後空方展開轟炸，股價也受到線壓制，再往下攻擊到編A點100年8月9日，當時股

價是234.5元（盤中低點是221元），往左邊對應A-1點位是100年6月27日，而當時股價是228元（盤中低點是227元）。也就是說這一次的下殺，是對A-1區當時買進此起漲區的人去做出空方的一次攻擊的動作。

編號B：

多方反撲於編號A點100年8月9日，一口氣K線反彈至編號3位置是100年8月17日而當時股價是238.5元（盤中高點是244.5元），階梯沒過高，空方再度展開空襲任務，傾巢而出向下再度攻擊到編號B點100年8月23日，當時股價是210.5元（盤中低點是186元），往左邊對應B-1點位是100年6月20日，而當時股價是216元（盤中低點是212.5元）與對應B-2點位是100年5月25日，而當時股價是216.5元（盤中低點是210.5元），也就是說這一次的下殺，是對B-1區與B-2區當時買進此起漲區的人去做出空方的一次攻擊的動作。

編號C：

K線於B點拉出長紅K，股價都於此區間內橫盤，也就是空方以階梯編號4控高，此點位是100年8月23日，而當時股價是210.5元（盤中高點是213元），多次的向上反彈都沒有辦法越其峰。

而這也是K線最後一次的反彈，反彈至此，此時投資人要貼緊盯盤，因為真正的反向飆風進擊戰法點將要來臨，見盤中黑K於100年9月19日當時股價202.5元（盤中高點是211元）又屬箱頂高轉，故合理認定這裡是往下飆風的起飆點，依照重力慣性加速度，一穿越向下將進入無撐的重力狀態，是一自由落體，這時是一刻都不能鬆懈，就在隔天100年9月22日，當時股價191.5元（盤中高點是196元），已跌破平上升趨勢線及完成反向1-2-3戰法的3動作，請參考軍團長前一本書《看圖抓飆股，1-2-3進擊戰法：短線飆派軍團長的操盤絕學》，此時你應及時切入賣（空），因為這次的再破低再反彈機率甚低。既然股市已從高點連還套牢編號1、2、3、4，最後主力會如何做呢？當然是向下做出摜殺的舉動。

執行後成果：

依「80-主升-反向飆風進擊戰法點」找到編號C向下跌破的關鍵價位，在100年8月23日，當時股價約202.5元時開始進擊；到了當年度100年11月25日，股價最低跌到149元，價差約53.5元，從202.5元看到訊號後出場，到149元回補，賺到26.42%跌幅。

3. 頭部四型態
──抓住高點轉折的翅膀

　　機會隨時有，不必每局都參與，等待時機出現順勢操作，而走勢型態會不斷重複，它是協助我們判斷未來重要市場走勢的一項基本技術。

　　市場中存在著貪婪和恐懼，希望和害怕主宰著市場情緒，因此形成超漲和超跌，追漲、止漲、轉下的戲碼不斷的重複上演。所以你該要做的事是優先認清K線頭部轉折的四型態，並不斷去熟悉過去的走勢，以它來做基礎去預測未來、採取正確的行動，從中避開股票即將高轉的風險，以下的圖例務必記牢，這也是你能保住財富的密碼與原則。

⑤ 看圖操課抓飆股：9001大盤頭部4型態

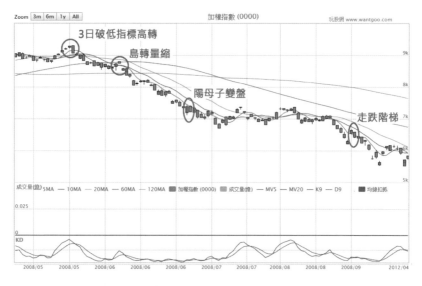

　　在上漲趨勢中，長紅K後出現向下跳空的變盤線，即「十字線、紡錘線」，表示行情在波段高點處多空拉鋸隨時可能變盤易位，如果第三天出現向下跳空開高的長黑K，是為晨星棄嬰型態。

　　要特別注意的是，若此第三根長黑K帶量大跌，則**趨勢
轉弱**就更為明顯，由於晨星棄嬰的組合型態是跳空格局，是
一種非常強烈的變盤訊號，因此當這個型態出現時，空方應
把握機會積極找融券放空點介入。

　　一旦長紅K低點被向下跌破或再出現盤跌下跌的K線型
態時，則可確認反轉趨勢形成。

　　上圖提供四種看盤時頭部常見反轉的型態給你參考，這
裡詳論型態（走跌階梯）──空方組合K線。

💲 股市慣性威力──轉折力找賣點

空方K線訊號（走跌階梯），中繼再跌

定義：

在紅K線後出現黑K線，此黑K線的高點在紅K線低點附近，第三日又出現紅K線其高點與前一根相近，為下跌趨勢的中繼點或變盤點，是空方誘多坑殺的訊號，此型態在下跌趨勢中常見。其第一根紅K高點不易被突破，而當第二根紅K低點被跌破時，表示趨勢將繼續走跌不變，因此在下跌的趨勢中，出現誘多的走跌階梯型態，要特別謹慎小心，不可貿然進場做多。

停損設價法：

要特別注意的是，在紅黑紅K之後，如果出現上漲的反噬K線，突破第一根紅K的高點，則為走跌階梯型態的破局，放空宜停損出場。

你可將上述型態歸類屬「下跌中繼型」

💲 看圖操課抓飆股：2498宏達電

圖：2498宏達電—走跌階梯

解說如下：

　　當在100年4月29日至100年5月4日，3日K線編號A的位置，100年4月29日股價1300元紅K（盤中最高點是1300元）、100年5月3日股價1210元黑K（盤中最高點是1270元）、100年5月4日股價1205元紅K（盤中最高點是1215元），故由此可看出當天收盤價黑K線的高點與在紅K線低點附近，第三日又出現紅K線其高點與前一根相近，為下跌趨勢，可定義為走跌階梯，反空確立，此時空方只要緊守1300元不被突破就可。

　　依此100年6月7日雖反彈到1285元價位，但卻沒過階梯走跌組合K線高點，故後續的此股走勢不是腰斬可形容，因為此下跌走勢出現這種組合K線機率極低，故當有這種情形出現時，注意是一個強烈的空方攻擊型態，讀者應特別花些心思去學會它。

十次破低九次彈
哪一次會不同？

總把反彈逃命當買點嗎？應該以何為關鍵看盤點呢？

量價關係的背離，下跌帶量又上漲無量都可以判斷反彈逃命波，趨勢主跌段中的主跌波啟動，未來任何反彈皆逃命點。本章透過「反向階梯戰法＋反向飆風戰法雙劍合璧」，幫你找出關鍵的K線壓力處及幫你掌握下跌趨勢啟動時，避開急跌的風險而不會被當下的情緒所影響，做出正確的決策。

賺大波段行情

反向階梯戰法＋反向飆風戰法雙劍合璧，

幾乎所有參與交易的人，都窮盡一切之力量、傾其所有之努力在找尋股市的聖杯。但軍團長一如上課對學員的期勉，在此需告訴你，股市多空在求穩健，千萬別貪快車，腳步快慢不是重點而是方向對，才能到達成功彼岸。「股市當然不可能有是一夕之間的奇蹟。」想要進入前段班，是需要不斷努力，才會有所成就！

所謂「心念有多大，夢就會有多大」，但也不是沒有捷徑路可循，處在空方的趨勢要學會什麼方法才能最快賺到錢呢？

　　當然是要能掌握反向的**關鍵重點**、**關鍵方向**與**關鍵要領**，以下的「關鍵價位」是股票將形成下跌走勢時的關鍵點，也是交易時的判斷點，適用於實戰。

　　本書將以淺顯的文字於圖形讓讀者一目瞭然。

1. 跌破K線力道，
判斷當下及預測未來

　　大多數人普遍存在這一種感受，是你愈試圖在股市中想變得更聰明，愈難以在市場上獲利；你本想打算做短線投機抄底，卻因被套無奈做長線投資。不知如何制定出入股票市場最佳的交易計劃，到頭來，市場總會偏離你的預期，甚至與你的預期相反。

　　為何呢？因為缺少一個原則──多數人出錯與股價波動的隨機性有關，而這波動的隨機性又與K線力道息息相關，下跌跌破關鍵價有時馬上就反彈，有時卻持續下跌，這都與K線力道有關。今天起瞭解簡略的方法，你也能掌握股市的波動慣性。

方法：

我們將關卡價設為△p→頸線位置

跌破當日收盤價設△p1→今天跌幅

（△p1-△p）/△p = p%

1. 當p%＜-5%：股價能有機會連跌2日再反彈。

2. 當-25%＞p%＞-5%：股價能有機會再跌1日再反彈攻1日
   拉回。

3. 當p%＞-2.5%：股價隔天開盤可能就會見低反彈。

舉例下圖：盤中至上

　於編號D位置，是99年5月10日而當時股價是24.65元
（盤中低點是24.3元）正式跌破頸線99年4月19日，當時
股價是26.35元。

　△p1 = 24.65　△p = 26.35

跌幅

$$(\Delta p 1 - \Delta p) / \Delta p = p\%$$

$$(24.65 - 26.35) / 26.35 = -6.45\%$$

屬第1式p％＜-5％：股價能有機會連跌2日再反彈。

所以判定99年5月10日股價24.3元低點非最低點，所以隔天99年5月11日股價低點24.35元，99年5月12日股價24.7元反彈能辨別是賣點而非買點，其後依反向階梯操作就可。

💲 看圖操課抓飆股：8112至上

　　上圖右方標示編號A、B，分別代表「空方階梯的進擊點位」，分別對應左方標示編號A-1、B-1的多方起漲點區位。

而其上編號1、2、3，前一本書我們已介紹過是一個反向1-2-3戰法的往下起始點，若被跌破編號3，此時你應做出賣出的動作，因為表示在此點位區已出現了不少的套牢籌碼，多方操作者將殺出持股，所以就是密切觀察後續一路向下的主攻往下飆風點處如編號C，搭其轎就可。

編號A：

於本張K線圖表畫面左邊正好漲了3小波段，一路的向上漲升，使得均線處多方排列，隨著行情漸漸不利多方，到了99年4月11日，盤面突然發動強力的跌勢，向下殺出一根黑K，當時的股價是27.3元，從圖上來看，第一次跌破10MA時的價格是27.45元，投資人先以回調視之，而後股價呈現反彈後再往下攻擊，依續走出一個反向1-2-3戰法的往下起始點，跌破編號3後空方展開猛烈轟炸，股價也往下摜殺到編號A點99年5月10日，而當時股價是24.65元（盤中低點是24.3元），往左邊對應A-1點位是99年3月17日，而當時股價是24.3元（盤中低點是227元），也就是說這一次的下殺，是對A-1區當時買進此起漲區的人去做出空方的

一次攻擊的動作。

編號B：

多方反撲於編號A點99年5月10日，K線反彈，但因編號D位置，跌破頸線的K線力道有6％多，所以反彈力很弱，空方再度展開空襲任務，傾巢而出向下再度攻擊到編號B點99年5月20日，而當時股價是23.5元（盤中低點是22.8元），往左邊對應B-1點位是99年2月23日，而當時股價是23.4元（盤中低點是22.85元）。也就是說這一次的下殺，是對B-1區當時買進此起漲區的人去做出空方的一次攻擊的動作。

編號C：

K線跌至B點後約1-2天，即展開一波空頭逃命反彈波，一路反彈至編號4高，此點位是99年6月9日，而當時股價是23.6元（盤中高點是23.75元），而這也是K線最後一次的反彈，反彈至此，此時投資人要貼緊盯盤因為真正的反向飆風進擊戰法點將要來臨，見盤中黑K於99年6月10日當時

股價23.05元（盤中高點是23.75元）又屬K線鑷頂（平頭線）高轉，故合理認定這裡是往下飆風的起飆點，依照重力慣性加速度，一穿越向下將進入無撐的重力狀態，是一自由落體，這時是一刻都不能鬆懈。就在隔天，於99年6月10日，當時股價23.05元（盤中高點是23.75元），此時你應及時切入賣（空），因為這次的再破低再反彈機率甚低，既然股市已從高點連還套牢編號1、2、3、D、C，最後主力會如何做呢？當然是向下做出摜殺的舉動。

執行後成果：

依「80-主升-反向飆風進擊戰法點」找到編號C向下跌破的關鍵價位，在99年6月10日，當時股價約23.05元時開始進擊；到了當年度99年8月9日，股價最低跌到16元，價差約7.05元，從23.05元看到訊號後出場，到16元回補，賺到30.58％跌幅。

2. 賣在會跌的點，反向
飆風戰法心法實例篇

　　很多新手股民朋友往往會遇到這樣的困惑，自己手中的股票，往往一買就跌，一跌就套，一套就抱，根本對跌勢產生免疫。操作上這樣的品種，第一犯錯是，大的方向性錯誤，又不知掌握關鍵的賣點，其危害非常大。關於這一點如何避免，我下面反向飆風戰法心法實例篇，賣在會跌的點，將為你指引出一條明路。

💲 看圖操課抓飆股：1704榮化

　　上圖右方標示編號A、B、C分別代表「空方階梯的進擊點位」，分別對應左方標示編號A-1、B-1與C-1的多方起漲點區位。

而其上編號1、2、3，我們前一本書已介紹過是一個反向走跌階梯，是高點不被突破而屢創低點的一個走勢。因為已經出現了不少的套牢籌碼，它更符合走出我們所期望的反向飆風進擊戰法，此時你應做的動作就是密切觀察後續一路向下的主攻往下飆風點處如編號D的最佳空方位置點，是反向飆風進擊戰法往下的起跌點。

　　編號A：

　　於本張K線圖表畫面左邊正好漲了3小波段，一路的向上漲升，使得均線處多方排列，隨著行情漸漸不利多方，到了100年3月15日，盤面突然發動強力的跌勢，向下殺出一根黑K，當時的股價是85元。從圖上來看，第一次跌破10MA時的價格是87.95元，投資人先以回調視之，中間持續或有反彈都不過前高，空方再度展開空襲任務，此點是編號A點100年04月13日，而當時股價是82元（盤中低點是79.3元），往左邊對應A-1點位是100年3月18日，而當時股價是82.9元（盤中低點是79.2元）。也就是說這一次的下殺，是對A-1區當時買進此起漲區的人去做出空方的一次攻擊的動作。

編號B：

多方反撲於編號A點100年4月13日，K線反彈短短兩天，反彈力很弱沒法過前高，空方再度展開空襲任務，傾巢而出向下再度攻擊到編號B點100年4月19日，而當時股價是76.4元（盤中低點是74.3元），往左邊對應B-1點位是100年2月17日，而當時股價是79元（盤中低點是75.8元）。也就是說這一次的下殺，是對B-1區當時買進此起漲區的人去做出空方的一次攻擊的動作。

編號C：

K線跌至B點後展開強彈，但反彈力仍沒法過前高，空方再度展開空襲任務，下殺到編號C，此點位是100年5月23日，而當時股價是65.6元（盤中低點是64.3元），往左邊對應C-1點位是100年2月11日，而當時股價是74元（盤中低點是71.2元），呈現更弱勢的超跌。也就是說這一次的下殺，是對C-1區當時買進此起漲區的人去做出空方的一次攻擊的動作。

編號D：

K線跌至C點後，因呈現弱勢的超跌發生，故反彈顯得更無力，約只彈到月線就止步，只是我們仍視為空方反彈末，將再往編號D去做出空方的最強一次攻擊的動作，此點位是100年6月15日，而當時股價是71元（盤中高點是71.8元），而這也是K線最後一次的反彈。反彈至此，此時投資人要貼緊盯盤因為真正的反向飆風進擊戰法點將要來臨，見盤中黑K於100年6月16日當時股價69元（盤中高點是71.4元），又屬K線陽母子變盤，故合理認定這裡是往下飆風的起飆點，依照重力慣性加速度，一穿越向下將進入無撐的重力狀態，是一自由落體，這時是一刻都不能鬆懈就在隔天，於100年6月17日，當時股價68.8元（盤中高點是70.8元），跌破10日線又破K線陽母子變盤低點69時，你應及時切入賣（空），因為這次的再破低再反彈機率甚低。既然股市已從高點連還套牢編號1、2、3、及D，最後主力會如何做呢？當然是向下做出攆殺的舉動。

執行後成果：

　　依「80-主升-反向飆風進擊戰法點」找到編號D向下跌破的關鍵價位，在100年6月17日，當時股價約69元時開始進擊；到了當年度100年11月23日，股價39.6（最低跌到39.6元），價差約29.4元，從69元看到訊號後出場，到39.6元回補，賺到42.60％跌幅。

3. 反向階梯停損準則，反向飆風戰法停損篇

技術分析當然可能會出錯，你應注意避免慘賠的停損點準則。

股市投資就是如何在波動中獲利，趁市場波動，賺取波動財。但股市並不會一路順風揚帆而行，假若股市呈現大幅修正走勢，導致希望能單從股票市場獲取多方利得來看，實在是著實不易，選股是很困難。

面對此種變局，投資人究竟應如何應對呢？

與其猜方向，不如學學遇看多不漲時，所產生反向階梯停損準則，避免落入主跌段發生機會的反向飆風戰法下跌的損失。

💲 看圖操課抓飆股：3034聯詠

上圖右方標示編號A、B、C分別代表「空方階梯的進擊點位」，分別對應左方標示編號A-1、B-1、C-1的多方起漲點區位。

若被跌破編號C，再反彈時你應做出賣出的動作，因為表示在此點位區已出現了不少的套牢籌碼，所以密切觀察後續一路向下的主攻往下飆風點處如編號X，搭其轎就可。

編號A：

於本張K線圖表畫面左邊正好漲了3小波段，一路的向上漲升，使得均線處多方排列。隨著行情漸漸不利多方，到了100年11月10日，盤面突然發動強力的跌勢，向下殺出一根黑K，當時的股價是74.3元，從圖上來看，第一次跌破10MA時的價格是77.48元，投資人先以回調視之，而此點是編號A點，而當時股價是74.35元（盤中低點是74.1元），往左邊對應A-1點位是100年10月28日，而當時股價是74.7元（盤中低點是74.1元），也就是說這一次的下殺，是對A-1區當時多方買進此起漲區的人，去做出空方的一次攻擊的動作。

編號B：

多方反撲於編號A點100年11月10日，K線反彈短短三天，反彈力很弱沒法過前高，空方再度展開空襲任務，傾巢而出向下再度攻擊到編號B點100年11月23日，而當時股價是71元（盤中低點是70.5元），往左邊對應B-1點位是

100年10月21日，而當時股價是73.1元（盤中低點是71.5元），也就是說這一次的下殺，是對B-1區當時多方買進此起漲區的人去做出空方的一次攻擊的動作。

編號C：

K線跌至B點後試圖止跌無力，約1-2天後下殺到編號C，此點位是100年11月25日，而當時股價是68.8元（盤中低點是68.1元），往左邊對應C-1點位是100年9月29日，而當時股價是69.8元（盤中低點是68.1元），也就是說這一次的下殺，是對C-1區當時多方買進此起漲區的人去做出空方的一次攻擊的動作。

編號D：

K線跌至C點後，即展開1波空頭逃命反彈波，一路反彈至過月線跟之前定義的空方反彈強度約到10日線明顯有大差別，但反彈不過100年11月14日前高，我們仍視為空方勢力，將再往編號D做撲殺，而轉折一路下殺並跌破編號C此點位是100年11月25日，而當時股價是68.8元（盤中低

點是68.1元），故合理認定這裡是往下對編號D區當時買進此起漲區的人去做出空方的一次攻擊的動作。但本次事與願違，因上波漲勢強，而本波回檔弱修正拖了很多時間，故下殺力量虛耗，於100年12月20日當時股價是68.5元（盤中低點是67.7元），破前低後即展開強彈，而反彈走出破底穿頭走勢，若未能於第一時間反應空方先停損，其反彈的高點X處及下降壓力線是2大空方陣地。當101年1月3日，出現紅K逆轉過昨高就不尋常（因昨天是長黑K），當101年1月4日又跳空往上過下降壓力線，當時股價是77.6元（盤中高點是78.3元），對照空方階梯位置是100年12月25日，當時股價是77元（盤中高點是79.6元），此時應有警覺，若一個空方趨勢，其每一空方階梯位置是不可能被挑戰的，故往下走勢失敗，多方再起，盤中有壓回是應先做回補空單。

執行後成果：

依「80-主升-反向飆風進擊戰法點」找到編號X，向下跌破的關鍵價位，在101年1月2日當時股價約73.8元時開始進擊；而當101年1月4日，又跳空往上過下降壓力線，

當時股價是77.6元不補。到了當年度101年1月17日，股價最高來到89.6元，價差約12元，從77.6元看到訊號後不回補，若到89.6元回補，差異有15.46％失誤漲幅。

故依此股我們發現反向飆風戰法可能會失敗原因：

1. 該次上漲波漲勢強（日數短），而本波回檔弱（日數長修正拖時），故下殺力虛耗。

2. 破前低後即展開強彈，未來再往下攻擊至下一陣地，屬不尋常，而反彈又走出破底穿頭走勢，都能攻達月線。

3. 101年1月4日又跳空往上過下降壓力線，或於101年1月2日空方轉下X點黑K，隔天101年1月3日出現紅K逆轉過昨高就不尋常。

4. 反向飆風戰法賺錢選股SOP，掌握下跌趨勢啟動時點

反向飆風戰法賺錢選股標準作業模式（SOP），掌握下跌趨勢發動時點，使你順勢搭乘反向專車坐穩轎上。

股票市場等同於現實的生活，永遠都是二八法則，只是在股市裡更容易發現這樣的現象。大戶不一定是股市贏家，散戶也不必然就注定是輸家，其差別在於有沒有人會告訴你「多勝少敗」的交易法則。雖然這只是成功交易的一小部分，但沒有這一小部分成功交易的法則，就無法建構最重要的層面：**信心、連續性和交易紀律**。

今天本書幫你建構起這成功交易的一小部分——信心，讓你知道邁向贏家有其規律方法，不是盲目無目的努力，現在就來借用別人的經驗，達到功力的快速升級。

反向飆風戰法有其標準作業流程！本書將教會你如何借用網路資源來幫你挑出大概符合即將完成反向飆風戰法型態的股票機會，幫你從千檔股票中過濾掉9/10以上，其餘再靠自己，依本書所學自己來判別是否該做融券賣出的動作。

選股標準作業模式：

首先進入首先進入玩股網網站

http：//www.wantgoo.com/

你會看到網頁上方有飆股搜尋，一點入就可，此時你會看到右邊有軍團長多頭選股3，直接點入就可，並將條件設定調整今日股價創30日新低。

你會看到如下圖的表單：

相關條件設定如下圖表：

1. 此表單所設定要件是，今日股價創30日新低及5日均量同時達到500張的弱勢發動股。

2. 所設定創30日新低的參數，是因為80-反向飆風戰法為取80日K線樣本，所以參數設約30-40日，表下跌約在半山腰處，是你開始列入追蹤的大好機會。

設定的選股條件為：

A. 近一交易日股價創30日來新低。

B. 過濾股價5元以下，五日均量在500張以下的個股。

3. 該程式執行所跑出的標的，在101年1月21日結果共有7檔，如下圖所示，是不是縮短了你找空方標的很多時間呢？

但因找到有的都已跌至少股價創30日來新低，所以這種工作每天要花1-2分鐘去跑，才不會漏失掉機會。

代號	股票	股價	漲跌	%
2412	中華電	95.9	-1.10	-1.13
2889	國票金	9.32	-0.10	-1.06
3045	台灣大	91.7	-2.30	-2.45
4510	高鋒	11.10	-0.30	-2.63
8044	網家	150.5	-3.00	-1.95
911626	MSH	10.15	-0.30	-2.87
9928	中視	18.60	-0.95	-4.86

4. 進入細部K線解讀，這裡提供你一個眉角，編號3、4還有8開頭股票多留意，因股票小籌碼經不斷下跌可能有鬆動，若往下飆速會最快。

5. 上述7檔都是空方弱勢股，這裡抓了2檔來看一下其走勢，未來是否有走反向飆風機會股的圖例鎖定。

💲 看圖操課抓飆股：3045台灣大

　　上圖右方標示編號A、B分別代表「空方階梯的進擊點位」，分別對應左方標示編號A-1、B-1的多方起漲點區位。

　　而其上編號1、2、3、4，我們前一本書我們已介紹過是一個反向走跌階梯，是高點不被突破而屢創低點的一個走勢，因為已經出現了不少的套牢籌碼，它更符合走出我們所期望的反向飆風進擊戰法，此時你應做的動作就是密切觀察後續一路向下的主攻往下飆風點處如編號B-1，是否有來被挑戰。

編號A：

　　於本張K線圖表畫面左邊正好漲了3小波段，一路的向上漲升，使得均線處多方排列。隨著行情漸漸不利多方，到了100年11月22日，盤面突然發動強力的跌勢，向下殺出一根黑K，當時的股價是93.3元。從圖上來看，第一次跌破10MA時的價格是92.6元，投資人先以回調視之，而後股價呈現反彈後再往下攻擊，依續走出一個反向1-2-3戰法，並於101年1月18日股價方出現長黑破季線的走勢。

　　依盤面第一次空方往下攻擊就很猛烈，股價直接往下攢殺到編號A點100年11月25日，而當時股價是90.3元（盤

中低點是89元），往左邊對應A-1點位是100年11月11日，而當時股價是90.8元（盤中低點是90.1元），也就是說這一次的下殺，是對A-1區當時買進此起漲區的人去做出空方的一次攻擊的動作。

編號B：

多方反撲於編號A點100年11月25日，K線反彈，強度接近前高來到編號1點，100年12月1日而當時股價是96.5元（盤中高點是97.2元），築出了一個往下的空方堡壘，並再度展開空襲任務。但後續的力道是一波不如一波，股價呈向橫盤格局，盤勢仍是空方壓制中，依續反彈見編號2點，100年12月19日而當時股價是94.5元（盤中高點是96元）；編號3點，101年1月03日而當時股價是94.5元（盤中高點是95.5元）；編號4點，101年1月16日而當時股價是94.5元（盤中高點是95元）的空方階梯而目前若再向下再度攻擊，我們所可期待的編號B點，若對照左邊的B-1點，是於100年10月19日，而當時股價是83.4元（盤中低點是82.6元）。而這也是我們所能期待後續一次的下殺，將

對B-1區當時買進此起漲區的人去做出空方的一次攻擊的動作。

　　當然後續要看B落點是否如規劃走，若是，這也是K線最後一次的反彈，反彈至此，此時投資人要貼緊盯盤，因為真正的反向飆風進擊戰法點將要來臨，但若跟預估有變化時，則請依本章第3節，謹守反向飆風戰法停損篇行事。

🅢 看圖操課抓飆股:8044網家

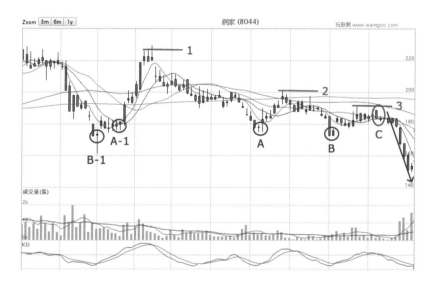

上圖右方標示編號A、B分別代表「空方階梯的進擊點位」,分別對應左方標示編號A-1、B-1的多方起漲點區位。

　　而其上編號1、2、3，前一本書已介紹過是一個反向走跌階梯，是高點不被突破而屢創低點的一個走勢。因為已經出現了不少的套牢籌碼，它更符合走出我們所期望的反向飆風進擊戰法，此時你應做的動作就是密切觀察後續一路向下的主攻往下飆風點處如編號C的最佳空方位置點，是反向飆風進擊戰法往下的起跌點。

編號A：

　　於本張K線圖表畫面左邊反彈漲了2小波段，但不過前階梯高於100年8月26日，當時的股價是227元（盤中高點是234.5元），只來到編號1位置，100年10月17日，當時的股價是220元（盤中高點是229元）後，反彈告終盤面再發動跌勢，往下起點，股價也往下摜殺到編號A點100年11月23日，當時的股價是178元（盤中低點是175元）。從圖上來看，往左邊對應A-1點位是100年9月30日，而當時股價是180元（盤中低點是175.5元），也就是說這一次的下殺，是對A-1區當時買進此起漲區的人去做出空方的一次攻擊的動作。

編號B：

　　多方反撲於編號A點100年11月23日，K線反彈來到編號2點，100年12月1日而當時股價是197.5元（盤中高點是201元），空方再度展開空襲任務，又築出了一個往下的空方堡壘，空方這次空襲位置是到編號B點100年12月19日，而當時股價是173元（盤中低點是172.5元），往左邊對應B-1點位是100年9月30日，而當時股價是180元（盤中低點是175.5元）。也就是說這一次的下殺，是對B-1區當時買進此起漲區的人去做出空方的一次攻擊的動作。

編號C：

　　K線跌至B點後即展開一波空頭逃命反彈波，一路反彈至編號3高，此點位是100年12月28日，而當時股價是186元（盤中高點是191元），而這也是K線最後一次的反彈。此時反彈至此，投資人要貼緊盯盤，因為真正的反向飆風進擊戰法點將要來臨，見盤中黑K於101年1月4日當時股價184元（盤中高點是189元），又屬K線吞噬破昨低，故合

理認定這裡是往下飆風的起飆點，依照重力慣性加速度，一穿越向下將進入無撐的重力狀態，是一自由落體，這時是一刻都不能鬆懈。就在隔天，於101年1月5日，當時股價183元（盤中高點是185元），跌破10日線又指標50向下交叉時，應及時切入賣（空），因為這次的再破低再反彈機率甚低，既然股市已從高點連還套牢編號1、2、3、及C，最後主力會如何做呢？當然是向下做出撻殺的舉動。

執行後成果：

依「80-主升-反向飆風進擊戰法點」找到編號C向下跌破的關鍵價位，在101年1月4日，當時股價約184元時開始進擊；到了當年度101年1月17日，股價153.5（最低跌到150元），價差約30.5元，從184元看到訊號後出場，到153.5元回補，賺到16.57%跌幅。

Chapter 5. 靈機而動—小故事大道理：燕王掃北

分享一則燕王掃北的故事：

據說，在燕王掃北時，來到一條大河邊，河水滔滔，波浪翻滾，湍流如箭，沒有舟橋，無法過河。當時又值九月，河水封凍尚早。燕王在河邊率兵馬無計可施，軍心浮動，士氣不高。燕王心急，便派一人出去觀看河水是否封凍，那人跑到河邊一看，河水滾滾，毫無冰凍之象，便跑回來稟報：「回燕王，河水毫無冰凍之跡象。」

燕王聽罷，大怒，一揮手：「拉下去，殺了！」

令下之後，那人被推出去砍了頭。

燕王又派一人出去察看，那人來到河邊。河水洶湧，依舊奔騰不息，浪花翻捲，哪裡有半點封凍徵兆，那人回來如

實回報：「燕王，河水的確沒有冰凍之跡象。」

燕王問也不問，又是一聲大喝：「推出去，殺！」

第二人又被斬頭。

燕王又派第三個人去探看，那人到河邊觀望，河水奔流如故，他並不比前兩個人多看到什麼，但他回來後，沒有如實報告，而是隨機應變說：「恭賀燕王，河水已經封凍，冰層厚盈幾尺，如鋼澆鐵鑄，大兵即可渡河。」

燕王大喜。說：「重重賞他，傳令三軍，今晚渡河。」

第三人非但活命，而且得了重賞。當夜晚間燕王率兵踏水而過，順利渡河。

當然，這只是一個傳說。據人講，當時燕王過河時，水中有好多烏龜等甲殼的水中動物在水下浮著，托著那些兵卒過了河。

我們且不論這個故事是真是假，倒是那裡面的三個人值得一提。

　　第一個人和第二個人都如實回答，遭到的卻是滅頂之災。

　　第三個人隨機應變，審時度勢，編了一套瞎話，卻領了重賞。燕王讓人看河水凍結與否的目的在於穩定軍心，而絕非河水本身。前兩個人，思想僵固，不懂應變，殺身之禍在劫難逃。第三人善於靈機思變，巧妙回答，點中了燕王的心事，得到了燕王的賞識。

　　我們從上述中的小故事得到的一些啟示，將它套用在股市中也說得通：

情節1：

　　第三個人去探看，河水奔流如故，他並不比前兩個人多看到什麼，但他回來後，若如實報告必死，故他隨機應變回答。

說明1：

股市中「時機」是最重要的。股市交易中，一個人如果能夠成功地駕馭時勢，善於把握機會，利用機會順勢當然是最好，若時勢不利於己，當思考如何降低風險，並積極靈活應變，則必然會走向成功。

情節2：

外在環境本無法改變，但善於觀其外在變化，巧妙回答，點中了燕王的心事，得到了燕王的賞識。

說明2：

審時度勢，隨機應變。事情本質的重心在哪裡，能夠看見隱藏在股市後面的利多與利空因素才是真能人，股市中事物在變，環境在變，周圍的人群也在變，能以隨機應變的思想觀念不墨守成規，才能在股市中創出佳績。

情節3：

河水滔滔，波浪翻滾，湍流如箭，沒有舟橋，無法過河。當時又值九月，河水封凍不可能。

説明3：

審時度勢，相時而動。股市多空不也是如此，其發展變化何其快，疾風知勁草，風吹向哪裡，便倒向哪邊，是股市處理的態度。跟你當初預測失誤，面子掛不掛無關，隨機應變，靈活能保存自己資金就是你於股市能立於不敗的法則。

股市是跟你口袋中的錢輸贏，不跟你的面子輸贏，千萬要牢記。

6. 從經驗中學習—小故事 大道理：公務員博士生

Chapter 5

有一個博士分到一家研究所，成為裡面學歷最高的一個人。

有一天他到單位後面的小池塘去釣魚，正好正副所長在他的一左一右，也在釣魚。

他只是微微點了點頭，這兩個本科生，有啥好聊的呢？

不一會兒，正所長放下釣竿，伸伸懶腰，蹭蹭蹭從水面上如飛地走到對面上廁所。

博士眼睛睜得都快掉下來了。水上飄？不會吧？這可是一個池塘啊。

正所長上完廁所回來的時候，同樣也是蹭蹭蹭地從水上

飄回來了。

怎麼回事？博士生又不好去問，自己是博士生哪！

過一陣子，副所長也站起來，走幾步，蹭蹭蹭地飄過水面上廁所。這下子博士更是差點昏倒：「不會吧，到了一個江湖高手集中的地方？」

博士生也內急了。這個池塘兩邊有圍牆，要到對面廁所非得繞十分鐘的路，而回單位上又太遠，怎麼辦？

博士生也不願意去問兩位所長，憋了半天後，也起身往水裡跨：「我就不信本科生能過的水面，我博士生不能過。」

只聽「咚」的一聲，博士生栽進了水裡。

兩位所長將他拉了出來，問他為什麼要下水，他問：「為什麼你們可以走過去呢？」

兩所長相視一笑：「這池塘裡有兩排木椿子，由於這兩

天下雨漲水正好在水面下。我們都知道這木樁的位置,所以可以踩著樁子過去。你怎麼不問一聲呢?」

學歷代表過去,只有學習力才能代表將來。尊重經驗的人,才能少走彎路。一個好的團隊,也應該是學習型的團隊。

我們從上述的小故事得到一些啟示,將它套用在股市中,也說得通。

情節1:

兩所長相視一笑:「這池塘裡有兩排木樁子,由於這兩天下雨漲水正好在水面下。我們都知道這木樁的位置,所以可以踩著樁子過去。」

說明1:

於動態市場的股市蛛網學說,變得靈巧一點,放棄舊

的方法，並趕快調整自己的戰略，找出股市最優勢的關鍵時機，就好像知道這木椿的位置一樣重要。

情節2：

學歷代表過去，只有學習力才能代表將來。尊重有經驗的人，才能少走彎路。

股市中贏家總是少數，應落實學習將你每天在現實中所遭遇的經驗，將它變化成你在股市的靈巧變通線，學習加強此應變能力，並能見微知著、舉一反三、靈巧應變，轉劣勢為順勢。

情節3：

只聽咚的一聲，博士生栽到了水裡。

兩位所長將他拉了出來，問他為什麼要下水，他問：「為什麼你們可以走過去呢？」

說明3：

　　靈巧變化，別閉門造車，遇有瓶頸多開口問別人，可以少走一些冤枉路。更重要是能快速汲取別人智慧，學習如何與人合作，因為合作比競爭還難，現在股市中唯有多融合幾套絕學，成功的機會才能大增。

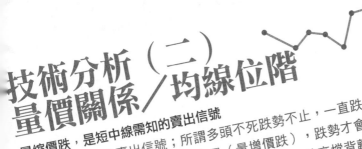

技術分析 量價關係（二）/均線位階

量縮價跌，是短中線需知的賣出信號

量減價跌，乃賣出信號；所謂多頭不死跌勢不止，一直跌到多頭砍倉認賠，爆出大的成交量（量增價跌），跌勢才會停止，應及時止損出局。本章節透過技術分析法的高檔背離的特性，及各類股中的弱勢股，搭配空方型態選股條件及方法，教會如何快速自己選到弱勢飆股，你可好好揣摩它。

Chapter6

排除例外　瞄準飆股零失誤

接受技術分析局限，股市中除了技術分析問題，還有心理問題，因為股票是一個群體運動，而主要是提醒投資者，當個別投資人在這個群體而言，他們不但無法分辨所在是處於那一個點位置，也易被股市中買賣太即時的訊息所左右，更因此易造成盲從追漲殺跌的處境。因此運用些原則自可判斷降低短線波動的困擾，這裏提供些簡易的方法，基於市場運動的定律及規律性，來預測指向的方向，並根據指向在這空間上，做出一個正確時間點位上的進擊動作，以達到以長線來保護短線的目的。

軍團長提醒你；真正能夠理解並進而接受技術分析局限的人，而當投資出現與自己預測走勢背道而馳時，才能做出及時性的修正，不會遇到問題來臨時無所適從。

1. 空方型態
選股條件及方法

　　影響股價漲跌因素真是太多，諸如：產業面、總體面、政治面、國際經濟的變化都會創造出對市場有利與不利因素的變化，細項如：油價、經濟景氣、利率、匯率、貨幣供給額、通膨物價變動、心理對於股市遠景悲觀時、股票市場的供需等等。但總歸其實最簡單的理解就是：**供給**和**需求**，你也可以將它認定是影響股價漲跌的唯一因素。

　　股價漲跌只和供給需求有關，只要能掌握股票供給和需求的增加和減少，自然有助於掌握股價漲跌的預測。安德烈・科斯托蘭尼也說過，在股市裡想要賺錢，要先懂得分辨「是股票（供給）多，還是傻瓜（需求）多」。

　　但以一個專業人士都無法一一駕馭以上那些因素，更遑論一般新進人員如何參透，這也是我進入股市以來一直想找

出一種最簡單而能幫助一般投資人的方法，請記得股市是一個效率市場的概念，拜網路科技之賜，消息可能數小時之內就被傳遍全世界。太陽底下不會有新鮮事，你晚上去研究美股，早上看日、韓股，但結果實際交易成果實證並不理想，因為你花時間在錯的地方，台股本身技術分析已可洞悉大勢，只要你夠堅定、願相信它。

今天你看到股市遠景悲觀時：供給過大、需求降低，其實股市早已能反應出來，只是你不知道這慢慢由多翻空的轉變，正一點一滴逐漸侵蝕你的根基，所以今天要跟你談空頭如何判斷與因應之道，以及如何判斷這現象。

事實上，中線多空反轉與否，「季線」是重要的分水嶺，尤其當大盤弱勢跌破季線，而且季線正要走平下彎，盤勢更要岌岌可危。因此，當股市疑似翻空，我們先行穩健地酌量減碼，等一旦跌破重要支撐，而當季線已翻空往下，就表示你得停看聽好一會。

坊間軟體自設50MA或60MA隨意唬弄你，說一線定江山，圖中黃色線之下做空，黃色線之上做多，不就這麼簡單，超好用的獨門軟體，其實這樣說也對，至少它區分出了多空的發生時機點，至少你已高於50％的判斷方式，你只要跟多空方向做同向，如藍色線之下做空，粉紅色線之上做多。

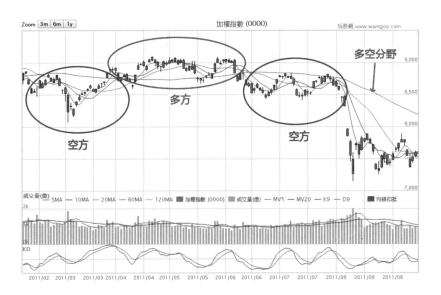

　　第二個附加價值是要跟多空方向做順風車，如下圖季線藍色線往上走，股價在其上偏「多」思維操作，KD往上交叉做多（如A、B、C、D點），往下交叉永不動作，這樣你的贏率又往上增加到75％的判斷方式；同樣的方式若當藍色線往下走，股價在其下偏「空」思維操作，KD往下交叉做空，往上交叉永不動作。

今天中線多空位階如何，季線是上還是下，需要別人來告訴你嗎？

股市環境改變了，您還不快學放空嗎？

第一步幫你複習一下，融券空方操作的最優三種形態：

💲 第一種形態：反向1-2-3進擊戰法

軍團長所著第一本書Chapter 5的5.2章節反向「1-2-3進擊戰法」領先頭肩頂／M頭中的圖例：3443創意反向（1-2-3 操盤法動作）。

我將它明白只顯示10日線來看分明，股市致富方法快學會，講白了你也會充滿信心。

股市4步曲：攬破—反彈—鎖定—券賣

上圖紫色圈圈分別標示1、2、3編號，分別代表條件反向1-2-3操盤法心法。

編號1：

均線處多方排列，突然發動強烈的跌勢，長黑並於2011年10月20日，當天股價127元，第一次跌破10MA，先以多頭修正視之，不記一次失敗。

編號2：

反彈後再接近編號1長黑處，起跌於2011年11月10日再跌破均線10MA，當天股價116元第二次跌破10MA，記一次失敗。

編號3：

一樣反彈後再跌破10MA，於2011年11月18日，（看似完成但10MA是往上），故隔日2011年11月21日做確認。依反空點日2011年11月21日趕快出場或券賣，則後續跌至2011年12月8日約88元，短線的成果約25.4%。

💲 第二種形態：雙峰M頭

股市空方最強二殺手型態-頭肩頂（3206志豐）／ M頭6509聚合實例

有人總覺得做空要比做多難，其實是一樣的就像正反兩面，只是心態要適時調整過來，常看不出是頭肩頂或W底，真的要多實戰經驗才行。股市上漲靠錢堆，下跌靠風吹，或許換個方向也有大機會但前題是先把功夫練好才能上戰場。

M頭（又稱麥當勞）釋義：

需月均線已呈扣高現反轉：在高位出現（M頭）的股價走勢，大盤將反轉下跌。

股價跌幅：其後將發生一波下跌走勢，幅度則約和頭部與頸線間的距離相當。

如航行在大海中的鐵達尼號，在撞到2座冰山後（M頭），船身開始傾斜下沉。

更完整內容，請參照「玩股網」軍團長專欄

http：//www.wantgoo.com/kpmg/202

第三種形態：頭肩頂

頭肩頂（又稱元本山）釋義：

在拉回之後，行情再度延續原來的上漲趨勢，股價再創新高，並配合大成交量（通常與左肩的成交量相當）。而後又再於另一波的獲利了結而拉回。值得注意的是，這個回檔的價位會低於左肩的峰位，於是形成了「頭部」。由於左肩的峰位伴隨著大成交量，因此當這波回檔跌破左肩峰位時，持股信心已受影響。

更完整內容，請參照「玩股網」軍團長專欄

http：//www.wantgoo.com/kpmg/202

從以上技術型態，尋找放空個股是一個穩當的方法；接續下一節介紹放空K線組合及放空要件。

2. 放空實戰 及放空K線組合

承上章節我們已知空頭如何判斷與因應之道（型態放空），這篇將為你介紹放空K線組合及放空要件。

但這之前我們需瞭解空方的操作，有時是一個避險的準備，因為愛之深責之切，有時是希望壓低股價等股價回跌之後，再好好的重新撿便宜來伺機大買多單，這是散戶的權利，為何你要放棄這多空雙向的機會呢？

你知道嗎？台股從1000點漲到12682點花了四年的時間，但從12682點崩跌到2485點，卻短短僅花了約八個月時間，「上漲靠錢堆，下跌只需靠風吹」的道理，哪一種比較容易？

股票放空重要三要素就是景氣、資金、籌碼消失了。主

計處下修今明兩年GDP成長率，常聽到**資金面**：M1B與M2的死亡交叉；**籌碼面**：就是我們每天所提的外資期貨布下重兵空單口數等……。更有如短期消息面、中期技術面與看長期的基本面，今天我們將會從中期技術面來做切入，達到領先長期的基本面的操作方法做介紹。

要介紹放空之前，先要知道目前的禁空限制分**平盤下可放空股票**和**不可放空股票**，平盤下可放空股票又分三大類：

1. 台灣五十指數成分股

玩股網網站

http://www.wantgoo.com/stock/classcont.aspx?id=2

■ 臺灣50指數成分股　　　　　　　　　　　　　　　回到股市分類行情表

即時成交漲跌　　資券主力行情

代號	股票	股價	漲跌	%	開盤	最高	最低	昨收	成交量	離季線%	新高/低		
1101	台泥	36.25	0.00	0.00%	36.25	36.40	36.00	36.25	5,998	4.9%	3 日	下單	追蹤
1102	亞泥	37.85	▼0.05	-0.13%	37.70	38.00	37.70	37.90	2,227	5.4%	3 日	下單	追蹤
1216	統一	49.20	0.00	0.00%	48.95	49.60	48.80	49.20	2,479	6.0%	4 日	下單	追蹤
1301	台塑	77.20	▲2.20	+2.93%	75.90	77.30	75.60	75.00	4,391	-2.0%	-1 日	下單	追蹤
1303	南亞	53.40	▲1.90	+3.69%	52.40	53.40	51.80	51.50	3,751	-4.4%	-30 日	下單	追蹤
1326	台化	75.30	▲1.50	+2.03%	74.00	75.30	73.80	73.80	2,722	-4.1%	-26 日	下單	追蹤
1402	遠東新	32.70	▲0.55	+1.71%	32.40	32.80	32.25	32.15	5,126	4.6%	8 日	下單	追蹤
1722	台肥	64.00	▼1.00	-1.54%	65.60	65.60	64.00	65.00	2,417	-6.4%	創新低	下單	追蹤
2002	中鋼	26.90	▼0.50	-1.82%	27.50	27.50	26.85	27.40	44,656	-4.5%	創新低	下單	追蹤
2105	正新	77.00	▼0.10	-0.13%	78.00	78.30	77.00	77.10	2,936	5.2%	4 日	下單	追蹤
2201	裕隆	48.70	▼0.40	-0.81%	49.30	49.50	48.60	49.10	2,755	-2.7%	創新低	下單	追蹤
2207	和泰車	186.0	▲0.50	+0.27%	186.5	187.0	182.0	185.5	284	-1.8%	創新低	下單	追蹤
2301	光寶科	38.15	▲0.25	+0.66%	38.10	38.30	37.55	37.90	924	4.3%	4 日	下單	追蹤
2303	聯電	12.05	▲0.05	+0.42%	12.00	12.15	11.95	12.00	22,815	-8.9%	-30 日	下單	追蹤
2308	台達電	92.90	▼0.80	-0.85%	94.50	94.50	92.70	93.70	3,648	4.3%	4 日	下單	追蹤
2311	日月光	23.75	▲0.10	+0.42%	23.65	23.90	23.65	23.65	17,215	-11.4%	-1 日	下單	追蹤
2317	鴻海	87.50	▲0.50	+0.57%	88.00	88.20	87.20	87.00	11,685	-0.7%	-1 日	下單	追蹤
2324	仁寶	27.15	▼0.05	-0.18%	27.30	27.45	26.95	27.20	4,786	-10.3%	-14 日	下單	追蹤
2325	矽品	28.40	▲0.05	+0.18%	28.60	28.80	28.30	28.35	6,936	-10.2%	創新低	下單	追蹤
2330	台積電	75.50	▼0.30	-0.40%	76.30	76.30	75.50	75.80	35,495	-7.6%	-1 日	下單	追蹤
2347	聯強	69.90	0.00	0.00%	70.50	70.50	69.50	69.90	3,240	0.2%	18 日	下單	追蹤
2353	宏碁	28.00	▼0.90	-3.11%	28.90	29.10	28.00	28.90	22,316	-10.9%	創新低	下單	追蹤

或交易所網站

http://www.twse.com.tw/ch/trading/indices/twco/tai50i.php

2. 臺灣中型100指數

http://www.wantgoo.com/stock/classcont.aspx?id＝3或交易所
網站

http://www.twse.com.tw/ch/trading/indices/tmcc/tai100i.php

3. 資訊科技指數等成分股

http://www.wantgoo.com/stock/classcont.aspx?id＝4或交易所
網站

http://www.twse.com.tw/ch/trading/indices/titc/taititc.php

⚙ 放空實戰：如何挑選往下飆馬股

1. 看空大方向，可以從月線或週線著手，認清目前位
   階，但賣空必須從日線上著手才行，找一個上升趨
   勢線被跌破。

2. 平均線下彎對價格有助跌的作用，五日線同時向下穿
越十日與二十日平均線形成黃金閉合鐵三角賣點。

3. 均量放空法：五日均量＜十日均量＜二十日均量，表
未受主力青睞，無人有意願拉抬它。

4. 股價融券大增股價卻下跌，或股價下跌融資卻大增，
請參照前一本軍團長書「1-2-3進擊戰法」（p024資
券通俗口訣）。

5. 大盤反彈中，類股是弱勢下跌股。

＊參考網址：http://www.wantgoo.com/stock/class.
aspx

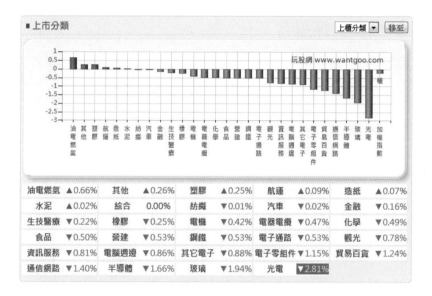

油電燃氣	▲0.66%	其他	▲0.26%	塑膠	▲0.25%	航運	▲0.09%	造紙	▲0.07%
水泥	▲0.02%	綜合	0.00%	紡織	▼0.01%	汽車	▼0.02%	金融	▼0.16%
生技醫療	▼0.22%	橡膠	▼0.25%	電機	▼0.42%	電器電纜	▼0.47%	化學	▼0.49%
食品	▼0.50%	營建	▼0.53%	鋼鐵	▼0.53%	電子通路	▼0.53%	觀光	▼0.78%
資訊服務	▼0.81%	電腦週邊	▼0.86%	其它電子	▼0.88%	電子零組件	▼1.15%	貿易百貨	▼1.24%
通信網路	▼1.40%	半導體	▼1.66%	玻璃	▼1.94%	光電	▼2.81%		

如上圖放空應找紡織或造紙類股下手安全性高。

6. 股價高檔巨量不漲／價量背離（見下一章節說明）。

7. 股價K線有空方型態如頭肩頂、M頭、圓弧頂等。

8. 9週KD和6週、12週RSI已於70-80往下交叉是中長空。以上的8項是空方致命要素，（口訣080空吧空空）要善用。

$\circledS$ 放空K線組合

1. 三鴉懸空，反轉俯衝為強空格局

【看圖操課抓飆股：以下圖6153嘉聯益為例】

何謂三鴉懸空：

在上漲或者反彈的趨勢中，連續出現三根開高走低的黑K線，三根黑K線的收盤價一根比一根低，是為三鴉懸空型態。三鴉懸空為強烈的轉空訊號，當出現這種連續黑K的型態時，幾可確認趨勢將翻轉走空。

另外這三根K線價格跌越深、量越大則趨勢越易下跌，也就是說帶量的長黑K或帶跳空缺口下跌所形成的三鴉懸空型態，翻轉走空的力道最強。

因此當此三鴉懸空出現時，所有反彈皆逃命，宜賣出持倉不宜貿然買進。

如上圖：6153嘉聯益

於圖A點100年8月16日至100年8月18日和圖中B點100年9月15日至100年9月19日皆出現三鴉懸空的強烈轉空訊號於第3支K，就宜當機立斷退場，保命為上。

2. 三線反黑，破線反轉為強空格局

【看圖操課抓飆股：以下圖6153嘉聯益為例】

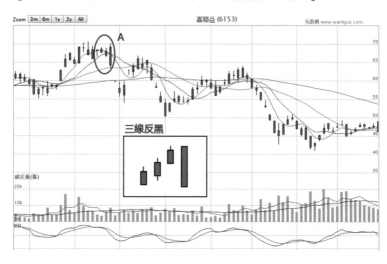

何謂三線反黑（又稱吞噬）：

在上漲或反彈趨勢中，連續三根小紅K後出現一個長黑K，此三根小紅K的高低點都涵蓋在長黑K線裡面，被長黑K所吞噬，是為三線反黑型態。為漲多後的獲利回吐或大量出貨的訊號，因此不論是獲利回吐或者是藉大量出貨，都應視為是反轉走跌相當強烈的變盤訊號，

當此長黑K低點被跌破時，則可確認為趨勢將走跌轉空，短線所有的反彈都為逃命點。

如圖中A點100年8月4日是為三線反黑型態。

3. 指標／股價結構的現象，抓住高檔背離的可能

Chapter 6

成交量的微妙變化，是我們做股票所特別關注的重點，因為有時只需要幾天的時間或幾根Ｋ線就可以確認出來，其成交量的微妙變化有時就能透露出不正常的訊號，很多交易者尤其特別專注。

但背離的可能走勢不是只有成交量這種單一工具可駕御偵測出來，若能再透過指標與股價結構的變化，我們將能更篤定判斷股價臨高或低轉的可能性，而採取必要的應對措施，一個總括的前提條件是：（成交量與指標）都對價格的後續走勢有著莫大的關聯性，這次透過本書，我們來好好的把它學會吧！

用指標與股價的背離性找買賣點是一門搶占先機的生意，眾所周知股價跌深你要如何賣，又該不該賣，這種問題

240 | Chapter6 技術分析（二）：量價關係／均線位階

沒有一定定解，要有方法及看你能承受風險的能力，以及按表操作的鐵律。

　　經過統計，會跌或盤跌的股票，總是步步往下階梯，越不賣會越跌越兇，因主力／莊家的資金早就在高檔利用利多或盤中作價對股價邊拉高、邊出貨的情況，大資金者早已無聲無息在數周之內就完成出貨的任務。然後，往後的股價就像扶不起的阿斗一樣，一路盤跌一路破底，跌到讓人不得不去想底部會在哪，但若你能當下判斷有背離的訊號產生，你還是能在反彈時賣個好價錢，因此時趨勢站在空方，反彈就應採調節的穩健方法，因心中有8成篤定，未來股價會有再破低的可能，所以在對的位置賣出是贏家的思維與做法。

　　其指標與股價結構的變化共有18種現象，軍團長將它分為3大類型，也就是依其股價趨勢來做區分。

　　1. 股價走揚創高型（指標明顯跟不上）

　　2. 股價接近前高不過型（指標明顯跟不上）

　　3. 股價走揚創高型（指標接近前高不過）

依其下圖表所示：共有6種態勢若輔以慣用指標ＫＤ/
MACD/RSI，則演化共有18種現象。

💲 指標VS股價結構背離表

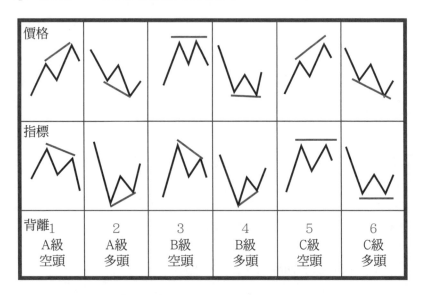

價格						
指標						
背離1 A級 空頭	2 A級 多頭	3 B級 空頭	4 B級 多頭	5 C級 空頭	6 C級 多頭

本書軍團長僅列舉ＫＤ/MACD模式來跟你提，你看完後
則可自行演練其他的指標模式，原則上都是一體適用的，這

點你可以不用懷疑。

名詞解釋：

1. A級空頭背離：（喇叭開口型）

表示空方背離的最強型態，又稱為多方行進的最後墳場，通常Ｋ線位置處發生此圖型狀態（如編號1），則拉回修正的幅度相當大，多方投資人最不可輕忽。

2. A級多頭背離：（收斂型——股價急跌漲的多）

表示多背離的最強型態，又稱為空方行進的最後一哩路，通常Ｋ線位置處發生此圖型狀態（如編號2），則反彈的幅度相當大，空方投資人應見好就收，得饒人處且饒人。

3. B級空頭背離：（股價頭型如M頭）

股價來到接近前高處，最常發生在多方接近第5波（又稱失敗第5波），通常Ｋ線位置處發生此圖型狀態（如編號

3），則拉回修正的幅度略小於A級空頭型態，原因是股價沒創高，故下跌的動能會略小。

4. B級多頭背離：（股價底型如W底）

股價來到接近前低處，最常發生在空方接近5波的下殺，通常K線位置處發生此圖型狀態（如編號4），則反彈的幅度會略小於A級多頭型態，原因是股價沒創低，故急跌強彈機會不大，上漲的動力會略小。

5. C級空頭背離：（指標頭型如M頭）

指標來到接近前高處，卡住率先不再往前，已顯示過熱訊號，但因股價的波動性，投資人搶入使股價創高，但後續買盤減弱不繼，指標差一步可創高，通常K線位置處發生此圖型狀態（如編號5），則拉回修正的幅度有限，原因股價創高，指標也差不多要創高，故投資人不需太擔心拉回幅度。

6. C級多頭背離：（指標底型如W底）

指標來到接近前低處，卡住率先不再跌破，已提示止

跌訊號，但因股價的波動性投資人瘋狂殺出使股價創低，但後續賣盤力竭，指標差一步就再創低，通常Ｋ線位置處發生此圖型狀態（如編號6），則反彈的幅度有限，原因股價創低，指標也差不多要創低，故投資人不要期望能彈多遠，搶入宜注意隨時有再反轉風險。

現在舉2例說明指標背離的型態：

【看圖抓飆股：2308台達電　B級空頭背離】

解說如下：

1. 依此圖編號A位置：於99年12月02日當時股價是142.5元（盤中最高價143.5元），往下所對應的KD值編號1位置，當時K值是85.23，往下所對應的MACD編號1位置，柱狀體高是0.9。

2. 依此圖編號B位置：於99年12月30日，當時股價是143元（盤中最高價也是143元），往下所對應的KD值編號2位置，當時K值是91.02，往下所對應的MACD編號2位置，柱狀體高是0.24。

3. 由股價來看，編號A與編號B的高點連線是微向下，但KD值來看，編號1與編號2的高點連線是微向上，依此對照圖型，並不符合我們定義的類型，它是屬於股價不創高的頭部背離，因指標創高，故壓回不深還會彈。

4. 但若從另一面向MACD趨勢來看，編號1與編號2的高點連線是向下，但股價K線高點來看，編號A與編號B

的高點連線是走平如M頭，也就是我們其上所定義的B
級空頭背離：（股價頭型如M頭），這樣我們已發現
出多方所隱藏的殺機，宜快閃避風頭。

【看圖抓飆股：5388中磊　A級空頭背離】

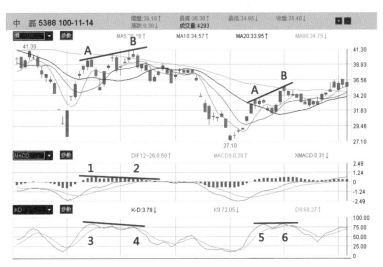

1. 依此圖編號A位置：於100年08月17日當時股價是38.55元（盤中最高價39.9元），往下所對應的ＫＤ值編號3位置，當時Ｋ值是82.6，往下所對應的MACD編號1位置，柱狀體高是0.64。

2. 依此圖編號B位置：於100年08月31日，當時股價是40.1元（盤中最高價是41.3元），往下所對應的ＫＤ值編號4位置，當時Ｋ值是75.95，往下所對應的MACD編號2位置，柱狀體高是0.52。

3. 由股價來看，編號A與編號B的高點連線是向上但ＫＤ值來看，編號3與編號4的高點連線是向下，依此對照圖型，是我們所稱最強型態，A級空頭背離（喇叭開口型），隱藏大殺機宜快閃避風頭，我們來看若於100年08月31日，當時股價是40.1元不賣出到100年10月04日，當時股價是27.9元，其跌幅之大，共跌了43.7%。

4. 從另一面向MACD趨勢來看，編號1與編號2的高點

連線是向下，但股價K線高點來看，編號A與編號B
的高點連線是走揚也就是我們其上所定義的A級空頭
背離（喇叭開口型）。

此上圖從KD與MACD來看，都發現了多方危機，是
我們所要學會的方法。

5. 依此圖編號C與D位置，股價高點連線是向上，但KD
值來看，編號5與編號6的高點連線也是向上（創
高），依此對照圖型，並不符我們定義的類型，因指
標創高，若有壓回還能彈。

　　註1：若指標創高，多方就還有走多機會，不會有空頭背
　　　　　離型態。

　　註2：若指標創低，空方就還有續跌機會，不會有多頭背
　　　　　離型態。

　　註3：背離所重是看股價有無創高或創低來論背離型態。

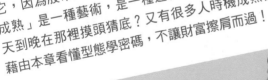

辨識技術型態
掌握獲利契機

型態學的大難關，就是需等待時機成熟

整體實用性與可靠性，型態不如均線，但我們必須學會它，因為股市的大漲跌中跟型態學有密切關係。「等待型態成熟」是一種藝術，是一種邏輯推理的應用。為何很多人一天到晚在那裡摸頭猜底？又有很多人時機成熟卻看不出來？藉由本章看懂型態學密碼，不讓財富擦肩而過！

Chapter 7

技術分析撐起一片天
歷史總是重演，

技術分析可以撐起我的一片天，藉助股票歷史軌跡推移資料，可以幫你掌握獲利契機及降低犯錯機率，因為歷史總是重演，由辨識目前走勢的型態，推斷未來股票將如何，是一門重要的課業，你說他是基本功也對。

需知技術分析就是利用過去和現在的成交量、成交價資料，以圖形分析和指標分析工具來分析、預測未來

的市場走勢，在某一時點上的價和量反映的是買賣雙方在這一時點上共同的市場行為，是雙方的暫時均勢點。但這種均勢會不會發生變異，就要學會技術分析中的無聲語，型態學及反轉型態所事先想透露給你的訊號。因為當重要型態關鍵點若被突破或跌破，通常表示行情已明朗，你又要追高或殺低了。而以下所要介紹的，就是要教會你如何於股價上漲或下跌前的先兆，先行搭上轎布局的動作，也唯有能辨識技術型態，才能掌握獲利契機。

技術型態辨識
—K線酒田戰法櫓線

⚙ 圓形（底）rounded / bottoms

圓形（底）又稱為碗形（bowls），是一種可靠的反轉型態，但並不常見。

圓形（底）的價格排列在外緣呈現平滑的圓弧形態，並且沒有突出的相對高點或低點。在形成的時間上，圓形（底）的形成時間約在20根K線約一個月打底時間之久（通常這裡就是最能符合軍團長1-2-3進擊戰法最佳的時機）。

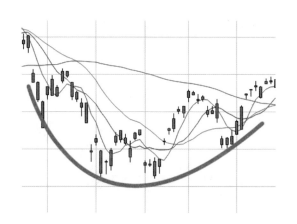

　　當圓形（底）形成時，價格趨勢將反轉。由形成的形態來看，圓形（底）事實上可以視為頭肩（底）的複雜形態或是一複合型頭肩（底）。

　　它可以視為是多空勢力明顯逐步轉移的形態，而頭肩（底）則是數波多空強烈交戰的結果。

💲 看圖操課抓飆股：3189景碩

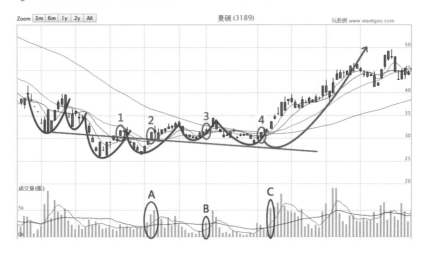

　　上圖標示編號1、2、3、4分別代表「1-2-3進擊戰法」
切入市場的關鍵點。

編號1：

先前的跌幅，使得均線處空方排列，隨著局勢漸漸明朗。到了99年11月26日，盤面突然發動強力的漲勢，拉出一根紅K，當時的股價是29.7元，從圖上來看，第一次攻入10MA時的價格是29.46元，投資人先以反彈視之。

編號2：

K線壓回稍做整理，再接近編號1長紅處，算是本波段低點，再次突破均線10MA時，97年12月9日股價為29.35元（攻入10MA時的價格是29.28元），此時先以反彈視之，並記一次成功，打出第一低腳。

此時對照編號A位置，屬底部第一次放量，依之前3-5戰法，量能2756張已明顯大於5均量1848張，表此處已有人介入，

編號3：

K線最後一次壓回，再接近編號2底部長紅處，投資人要貼緊盯盤，別等待再度出現第二根紅K，見量就攻，見盤中於98年1月5日，當時股價31.85元，再次突破（10MA價31.27元），即追入搭轎，此時屬第二次低腳成功。

但本次的突破存在的疑點是，雖本次量能即圖示編號B位置，也符3-5戰法，量能2694張已明顯大於5均量1396張，但介入後卻到98年1月7日見高當時股價34.45元，是何原因，應屬股價過高的熊市背離，其98年1月7日股價高34.45元＞97年12月22日股價高33.85元，但指標98年1月7日K9為65.8卻＜97年12月22日K9為82.7。

編號4：

因編號3屬股價過高的熊市背離，故K線再做一次壓回，當再接近編號1與2底部長紅處連線，投資人要貼緊盯盤，見量就攻，見盤中於98年2月3日，當時股價31.2元，再次突破（10MA價30.55元），即追入搭轎，此時屬第三次低腳成功。

而也屬底部第二次放量，依之前3-5戰法，即圖示編號C位置，量能2254張已明顯＞5日均量的1381張。

執行後成果：

　　依「1-2-3進擊戰法」找到均線突破的關鍵價位，在98年2月3日，股價約31.2元時開始進擊（編號4的位置），當天10MA是30.55元；到了當年度5月25日，股價為59元賣出（所依階梯戰法移動停利要點），價差約27.8元，從31.2元看到訊號後入場，到59元出場，賺到89.14%漲幅。

　　其上圖示可明顯看出為一左右對稱的一複合頭肩底型態，以編號1與2構築「雙重底」、「W底」成為「兩川」右邊編號3與4與左邊相互呼應之。

　　其所依循為多方強有利圓形（底）又稱為碗形（bowls），是一種可靠的反轉型態，但並不常見。若見到至少有長達三個月的多方攻勢至一年，故又稱之為划船之槳。

⚙ 存在於酒田戰法的第一階段──築底階段

「酒田戰法」把底部比喻為深谷，谷底多有河流，所以把三重底、頭肩底稱為三川，雙重底、W底成為兩川，弧型底、半圓底成為鍋底，底部橫向構築面積越大，代表上漲累積的動能越多，上漲的幅度也越大，有如大樓的地基越穩固，樓可以蓋得更高。

重點說明：

1. 注意築底的編號A出量，可視為多方的起攻訊號。

2. 編號2雖看似W底，但依據統計資料，約才五至六成成功機會，所以不一定要冒險，真正的安全的方法，請用軍團長第一本書1-2-3進擊戰法最佳的時機出手，必能收意想不到之效果。

2. 技術型態辨識
——頭部型態K線圓頂

Chapter 7

$ 圓弧（頂）rounded / top

圓弧頂的構築需要一段時間，不似尖頂圖形的曇花一現，故股市有其順口溜如是說：「空中出現圓弧頂，緩慢下沉有人領。尖頂圖形氣勢凶，一飛衝天去無蹤。」

圓弧頂：

股價呈弧形上升，即股價開始時雖不斷上升，但漲幅不大，隨後股價轉為下跌，但跌幅也不大。把這些短期高點連接起來，形成一個圓弧形。

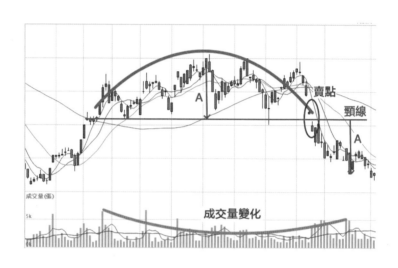

圓弧頂的最大特徵在於：

1. 頭部呈圓弧狀，並將價格趨勢由上升改變為下降。

2. 成交量不規則，突暴巨量不漲收黑K，有出貨嫌疑。

3. 跌速會很快，當主力出貨完畢時。

4. 跌速與盤頭時間成正比，表已成功出貨套給散戶，其後下跌將無撐。

5. 放空點於跌破頸線3％後，見其反彈收紅就是一最佳的
賣（空）點。

💲 看圖操課抓飆股：2474可成

上圖中的編號1、2、3，分別代表反向「1-2-3進擊戰
法」。

編號1：

均線處多方排列，原本一片和樂的氣氛被空方破壞，利空突然發動強烈的跌勢，盤面上抑鬱之氣形成，股價於98年12月8日跌到86.8元，第一次跌破10MA（88.37元）。不過，多方還在做最後掙扎，所以暫時以多頭修正視之，不記多方一次失敗。

理由：均線10MA當時仍處漲勢，尚未能走平。

編號2：

多方最後的垂死掙扎，反彈後再接近編號1長黑處，股價於98年12月24日降到86.1元，再跌破均線10MA（86.54元），此時還是先以修正視之，並正式記錄成第一高頭的第一次失敗。

編號3：

多頭均線最後一次反彈，再接近編號2頭部長黑處時，此時想要放空或逃命的投資人，需貼緊盯盤，見再破10MA

或攻不過時就融券或賣出，別等待再度出現第2根黑K；到了99年1月5日這一天，股價盤中來到86.6元，再次跌破10MA（87.27元），即追入融券或賣出，記錄成第二次高頭失敗 。

備註：最後一次的起跌通常伴隨KD的高檔搆殺。

執行後成果：

依反向「1-2-3進擊戰法」破關鍵價位，進擊於99年1月5日（編號3），用約87元的價位融券或賣出，當天10MA是87.27元，一直持有到了99年2月8日回補買入，理由是短線操作又收陰母子孕含反轉線，以收盤價計算到63.6元，價差約23.4元（已賣出或融券放空者），獲得的賺幅為26.89％。

其上圖示可明顯看出為一圓弧頂的構築有一段時間，左右對稱的一複合M型態，對照其圖下成交量，股價雖有反彈，但量能卻反向縮，屬量價的背離模式、外緣呈現平滑的圓弧形態，並且沒有突出的相對高點。搭配在形成的時間

上，圓弧（頂）的形成時間約在20根K線約一個月做頭時間之久（通常這裡就是最能符合軍團長書「反向1-2-3進擊戰法」最佳的時機）。

其所依循為空方強有利圓弧（頂）又稱為團頂（TOP），是一種可靠的反轉型態，但並不常見，若見到至少有長達一至三個月的空方攻勢，應善加利用。

其上圖：

編號A點：是股價高點與頸線間距。

編號B點：是股價跌破其頸線，我們所需注意是要於跌破頸線3％後確認，見其反彈收紅就是一最佳的賣（空）點。

編號C點：是頸線位置。

而最小滿足跌幅為C點股價至A點間距。

3. 股市密技篇
——個股與大盤資券位階

　　想一想，我們每天對大盤的判斷是不是有其一貫的看法，有何論點來支撐你的看法？

　　唯有其籌碼騙不了人，資券變化及法人買賣超是可利用的工具，大盤跌到6600點算不算落底，跌夠了嗎？未來還會再下跌嗎？不是你一意孤行就可以，若未來仍無常變化，你要知止，進出自如再觀機，瞭解資券的變化可幫你，作用如GPS定位辨生機。

💲 個股大盤資券位階

	股價P漲			股價P跌		
	初升段 （1）	主升段 （2）	末升段 （3）	初跌段 （4）	主跌段 （5）	主末跌 段(6)
融資狀況	減少	增加	增加	減少	增加	減少
融券狀況	增加	增加	減少	增加	增加	減少

1. 初升段上漲：（資減券增──行情產生）

短多占上風，軋空手跟短空單，此時多空仍混沌不明，盤勢仍屬驚漲格局，此時宜應速改弦易轍加入多方行列才是。

股市在利空中未見再下跌，表已有資金進駐其中，後續若再見到低檔出量，空方宜停損補空翻多，勿當個後知後覺或不知不覺的人。

2. 主升段上漲：（資券同增）

中長多已大獲全勝，持續券增軋空手並伴隨融資的推升，此時人氣鼎盛，持股抱牢可，但需留意出量長黑的反轉訊號。此時短空應停損回補，短多趁股價有拉回於10日平均線宜可加入多方行列。

3. 末升段上漲：（資增券減──行情縮減）

此時未進場者已按捺不住，並用融資加碼進場，但雖有利多頻傳，股價卻不見再有大獲利，並於箱型中格局逐步震出一個頭部型態，股價將由多翻空，此時宜利用軍團長反向1-2-3戰法駕馭其翻空點，並及早於10日線跌破，形成崩跌時多單速離場，若正式或將跌破10日完成軍團長反向1-2-3戰法時，進場順勢加碼空單狙空。

4. 初跌段下跌：（資減券增）

高檔盤跌此時利多頻傳，股價卻不見推升力道，屬高檔出貨，常見多方跌破5日平均線，卻站不回10日平均線（而5日線已反轉向下）。

5. 主跌段下跌：（資券同增）

中長線空方都已獲利，股價已明顯出現頭部現象，一遇利空則風聲鶴唳、草木皆兵，股市呈現多殺多，因主力已完成出貨，多方退場，此時卻還有勇敢的散戶在逢低融資攤平動作。

常見多方跌破60日平均線季線位置，反彈卻站不上20日平均線月線位置（而20日線已反轉向下），此時應建立長空部位。

6. 末跌段下跌：（資減券減）

中長線空方獲利已奠立基石，此時融資斷頭聲聲催，籌碼已無法控制，任何拉抬都失效，空方說話很大聲，多方信心已全無。

常見多方跌破60日平均線季線位置（而60日線季線已反轉向下），反彈卻站不上20日平均線（月線）位置，此時融券於指標跌至10以下，反彈站回20日平均線位置可先

補，並以短多搶反彈波。

股市循環依其圖表完成，初升段／主升段／末升段及初跌段／主跌段／末跌段循環進行，但可能其中會有合併完成型出現，應細辨別。

2012年1月底大盤資券位階圖

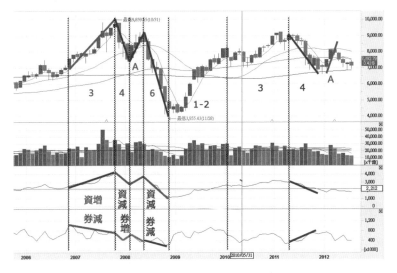

圖示解析：

當走到編號3：末升段推升（資增券減—行情縮減）

時間約95年11月至96年10月，其加權指數從7567點漲至9711點，其融資從2546億增加到4144億，但融券卻從106萬張減少至66萬張，其符合（資增券減）末升段推升模式。

當走到編號4：初跌段下跌（資減券增）

時間約96年11月至97年1月，其加權指數從8586點跌至7521點，其融資從3782億減少到3013億，但融券沒多大變化從55萬張減少至52萬張（其97年2月才見增至62萬張）小落後一個月，其符合「資減券（平）增」初跌段下跌模式。

當走到編號A：屬初跌段下跌空方反彈波

當走到編號6：末跌段下跌（資減券減），從其上圖形看來，應是編號5至6，主末段下跌一起完成的模式，時間

約97年05月至97年11月，其加權指數從8619點跌至4460點，其融資從1173億跌到571億，但融券從40.4萬張減少至22.7萬張，其符合末跌段下跌（資減券減）模式。

當走到編號1-2：初升段上漲，資減券增及主升段上漲：（資券同增）

多方行情開始產生，從其上圖形看來，應是編號1-2，初升及主升一起完成的模式，時間約97年12月至98年12月，其加權指數從4591點漲至8188點，其融資從1201億增加到2603億，但融券從63.7萬張增加至81.3萬張，其符合主升段（資券同增）模式。

當又走到編號3：末升段推升（資增券減—行情縮減）

時間約99年06月至100年04月，其加權指數從7329點漲至9007點，其融資從2530億增加到2960億，但融券卻從39.7萬張減少至28.8萬張，其符合（資增券減）末升段推升模式。

當又走到編號4：初跌段下跌（資減券增）

時間約100年5月至100年12月，其加權指數從8988點跌至7072點，其融資從2923億減少到1957億，但融券卻從38.7萬張增加至70.7萬張，其符合（資減券增）初跌段下跌模式。

股市循環依其圖表完成——初升段／主升段／末升段，初跌段／主跌段／末跌段，並同時搭配資券位置，我們其實不難洞悉後續情況，知其脈絡而加以判斷。依上圖，我們大膽推斷其目前應該是走向編號A的空方反彈架構，而未來會出現的狀況大概是伴隨著融資的逐步增加，與融券的逐步減少之變化，空頭回補推升大盤向上挺進，若又以左邊所對稱A的位階，反彈屬空方的反彈力，格局約在三個月時間，反彈點數約有1300-1500點機會，約在碰觸月的10MA處，目前約在7950附近，其屬於K彈至50的空方反彈格局，你當然可以把握這樣的機會，但前提請需視週線的高轉，若已反彈無力時宜先走人，因其會帶動月線的翻轉。

4. ETF-50──86法則

　　據統計，股市是二八法則，有二成的人能有獲利。重點是玩股票的人，都覺得自己會成為那二成獲利的人，但事實是殘酷的，換句話說，當你決定進入股市，你已經準備好接受百分之八十輸錢的命運，除非你肯下苦工用心學。

　　描寫賽局理論歷史的暢銷書《囚犯的兩難──賽局理論與數學天才馮紐曼的故事》，說到各個對手的應對進退，也是賽局，賽局理論的基本模型是「二人零和賽局」，兩個人分固定的一塊大餅，其中一個分的多，另一個就分的少，要讓兩個人都覺得公平，有個常被提出來的方法，就是分餅的人最後拿，分餅的人知道另一個人不會把較大的那塊留給他，其中最小的那塊餅鐵定是他的，所以分配者基於理性，必須努力把資源分得盡量公平。

　　理論賽局最後被演變為有限局數的賽局，一般稱為不合作賽局，如醫病關係間不合作賽局的均衡解：醫病雙方都願意接受的策略是「背叛」，醫師對病人好卻被告，病人對醫師信任卻被誤診，所以醫師要採取防衛性醫療，病人要採取求診不信任。

若以賽局理論來透析股市法則，往往會發現兩個現象：

1. 股市中並不存在完全賽局理論，（分配者）切的一方，早已知道你所會採取的策略，所以常有作價洗盤的事不時發生。

2. 散戶永遠不會明白切的人的想法，即使讓你選到比較大塊的，你還是留不住它。

　　但事情也不一定是那麼悲觀，股市存在著八二法則，是因為很多人其實看不懂K線圖，從K線領悟提前得知訊號，其中更加明確的領先訊號在「ETF-50」，而ETF-50存在著一個86法則難以跨越，因為是權值股縮影，故86算是一個極致，指標反彈至此，應做出退場動作，主因是重兵都用

上，又何來兵馬可動用。

何謂86法則：

ETF-50存在著一個86法則難以跨越，因為是權值股縮影，各類股的權值股不可能同時且每天的噴出大漲，一定只有1-2類主流，基於資金輪動性質，故我們發現當ETF-50的KD指標來到或跨越86時，表示可再動用的重兵將用盡，此時投資人應逢高先做出脫，等行情熱度降溫，稍微回調時再行做介入。

圖表：大盤

編號A：

時間100年5月2日，對照下圖編號D（KD指標86.23）碰處後見高往下轉，至時間100年5月25日見低，其股價由62.15元跌至60.25元，因為碰處警戒值故時日無多，期間下跌1.9元約3.06％。

編號B：

時間100年07月07日，對照下圖編號E（KD指標86.54）碰處後見高往下轉，至時間100年07月19日見低，其股價由60.35元跌至58.9元，因為碰處警戒值故時日無多，期間下跌1.45元約2.40％。

編號C：

時間100年07月27日，對照下圖編號F（KD指標86.76）碰處後見高往下轉，至時間100年08月09日見低，其股價由61.35元跌至53元，因為碰處警戒值故時日無多，期間下跌8.35元約13.61％。

有關「ETF-50──86法則」是一個可靠的根據，若有來碰觸或穿越它，應毫不猶豫地賣出股票，因為指標已進入超買區域時，也表示可以反向操作。

5. 恐懼的威廉訪客
——別讓它連敲2次門

看過剛下檔連續劇《真心請按兩次鈴》，真愛或許真會敲兩次門，那是因為有心人會花多份的愛情及愛心去包容你，所以你還有機會找回失去的東西。但股市跟偶像劇、連續劇是大不同的，有些事別讓它來連敲你兩次門。

是什麼那麼恐怖？我們稱它是「恐懼的威廉訪客」。

威廉指標的原文名稱為Williams Overbought／Oversold Index，直譯為威廉氏超買超賣指標，可簡寫為WMS，也有人稱為百分比R指標，或者寫為％R指標。本指標是由Larry William所提出，故以其名為指標名稱。

看圖抓飆股
飆風戰法

這個指標其實只是KD指標的一個簡化的變形，威廉指標的公式如下：

$$\text{威廉指標} = \frac{\text{最近N日內最高價} - \text{第N天收盤價}}{\text{最近N日內最高價} - \text{最近N日內最低價}} \times -100$$

　　若沒有對威廉指標計算出來的上檔壓力乘以-100的話，那麼這個指標值會變成與我們閱覽習慣相反的指標，投資人大多已習慣0為低檔而100高檔的KD指標閱覽方式。但在威廉指標中，如果今天收九天內最高價，則分子為0，所以指標值為0；當今天收九天內最低價時，則分子與分母相等，指標值會變成100。如果指標值在畫圖時，也畫成0在最下面而100在最上面時，則指標圖形狀會剛好呈現出高檔為0而低檔為100的上下顛倒情形，這種情形剛好與KD指標畫法完全相反，因而違反了大多數人對指標的閱覽習慣（目前坊間都是威廉指標高檔畫成0在最下面是-100）。

圖表：大盤

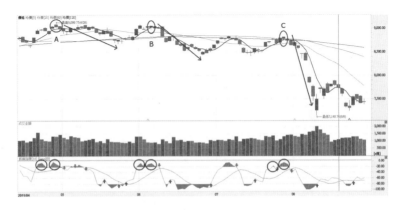

編號A：

時間100年4月22日，威廉指標5.8第一次見高往下轉，至時間100年4月27日，威廉指標2.4第二次見高往下轉，其加權指數從8969點漲至9049點，因為威廉指標兩次見高反轉故時日無多。

編號B：

時間100年6月1日，威廉指標6.52第一次見高往下

轉，至時間100年6月7日，威廉指標7.95第二次見高往下轉，其加權指數從9062點至9057點（已無推升力道），因為威廉指標兩次見高反轉故時日無多。

編號C：

時間100年7月1日，威廉指標9.56第一次見高往下轉，至時間100年7月26日，威廉指標0.06第二次見高往下轉，其加權指數從8717點漲至8794點，因為威廉指標兩次見高反轉故時日無多。

一般研判方式與KD指標相似，但數值不同，20以下為超買區的賣點，80以上為超賣區的買點，當然也有人認為應該取比較嚴格的標準，以10以下為超買區，而以90以上為超賣區。

有關威廉指標本身兼有提示超買超賣和強弱預警的功能，並且運用「二度觸頂（底）」，原則還可以得到明確的買賣信號。除此之外，威廉指標另一重要特性是可作為一種輔助性技術指標來使用，用於輔助其他技術指標來確認

訊號，經常結合使用的技術指標是（RSI-相對強弱指標）和
（MACD-平滑異同移動平均線）。

　　大體上當威廉指標進入超買區域後，表明價格運動到達
高風險區，此時一方面可結合「二度觸頂（底）」原則尋求
賣點，若加入MACD訊號的看法，當MACD指標高位「死亡
交叉」，即MACD下穿DIF發出賣出信號，就預示著階段性
頂部形態的來臨，應毫不猶豫地賣出股票。同樣，當威廉指
標進入超賣區域時可以反向操作。

投資參考網站/券商軟體

附錄

1. 玩股網

http://www.wantgoo.com/

2. 工銀證券-EQuicK

3. 台灣五十指數成分股

http://www.twse.com.tw/ch/trading/indices/twco/tai50i.php

4. 臺灣中型100指數

http://www.twse.com.tw/ch/trading/indices/tmcc/tai100i.php

5. 資訊科技指數等成分股

http://www.twse.com.tw/ch/trading/indices/titc/taititc.php

6. 軍團長看圖抓飆股1-2-3進擊戰法（參考書籍）

軍團長短線飆股密技

課程簡介

1. MACD/KD 同位性
2. 私藏均線戰法介紹
3. 1-2-3操盤法關鍵價位（入市 買入持有─初升段）
4. 飆派軍團長獨門密技
   ─股市最強階梯戰法轉折點（可多空波段留倉）
5. 80%穩賺的Kd背離選股切入法（特例選股）
6. MACD 背離取高打老虎戰法（最後逃命警示燈）
7. KD/MACD指標正負背離
8. 對未來大盤均勢判讀方法

上課學員心得分享

小辮子 回應日期：5/19/2011 10:54:11 AM

看的股票書何其多，光看專欄能讓我覺得很讚的就是團長大人了！

有戰法、有範例，才有辦法理解。

而且對於入股市還是憑感覺或消息買賣的我，有非常n次方大的幫助；現在上完軍團長課回去看以前的書……喔～原來是在說技術分析或是買賣依據……跟團長大人的理念對照有些感覺，書裡在說啥？我竟然知道？還有辦法判斷書是說真的、可以用他的方法、內容是屬於操作還是理論。

真是感謝團長大人帶我走出誤區，我會努力學習，大家也加油！

Stanley 回應日期：7/26/2011 9:02:45 PM

上K大的課很值得，5/1上課前一天眼窩被壘球砸到，為了要上課還和老婆爭執了很久，頭暈還戴著墨鏡上課，真的學到了很多東西。

當初就是衝著要看K大的文買了1000塊加1個月的好康會員卡，現在就爽爽的用來看文，謝謝K大很熱血詳細的回覆我的問題。

月之子 回應日期：9/25/2011 2:28:44 PM

我還要上第二次的全階梯課程，先前我只上到全戰法跟高階，但收獲已是我單單看書可能要花好幾年，甚至是一輩子也學不來的；所謂：「大道至簡」軍團長教的深入淺出讓我們很容易就了解了，這可能找不到多少人可以這樣的教學，而且無私。反正股市不是零和遊戲不是你賠我就賺，但還是很多人不願意分享。不像軍團長這樣的無私。

　　我因為上課所損失的，早就在股市用軍團長所教的判斷方法早就賺回來了。希望第二輪上課能再從軍團長身上獲得更多的收穫。

魚仔 回應日期：9/25/2011 2:01:50 AM

　　從全戰法到高階班，短短的十幾個小時能學到K大用二十幾年的投資經驗——整理＋領悟出來的實用戰法，怎麼算都值得。真是感謝K大的不藏私！

　　第一批上過全課程的各位大家一起加油吧！

Chehpy 回應日期：9/24/2011 11:06:05 PM

　　感謝K大，我和朋友等四人從全戰法到高階班課程，期間承蒙解惑，各類戰法環環相扣結合，今天終於見到「領先3K進擊法」，還有其他技巧，一切都很值得。感謝！

小高 回應日期：9/25/2011 10:36:28 AM

　　上完初級／中階／高階班，雖然路程有點遠但很值得，感謝K大的不藏私，讓我的觀念更清潔，一切都很值得。高階班的學員我們一起加油吧！

小予 回應日期：12/26/2011 4:30:58 PM

　　軍團大大都是說在前面的，而且不隨消息起舞，進退有憑有據，操作起來比較踏實。

小風 回應日期：3/11/2011 10:42:03 AM

　　最近介紹K大的教學文給我爸，他勝率瞬間提升不少，真希望當天可以有時間前往，否則就不是報名費沒了，而是失去人生的一個轉機了。

阿行 回應日期：3/13/2011 11:35:54 PM

能獲得前輩的經驗，更勝自己摸索好幾年。

小堯 回應日期：3/19/2011 2:27:37 PM

階梯戰法讓我操作不用再擔心，賺可以賺的錢就好！
感謝K大！

阿行 回應日期：3/3/2011 7:22:37 PM

這戰法成功率滿高的，再來找檔來看看，謝團長。

Avene 回應日期：12/2/2011 3:44:51 PM

太可惜了～我到現在才看到這篇文章……

今年重傷，一直在想辦法找出失敗的原因……

又聽到人家說均線扣抵很重要，在關鍵字打入：均線扣抵；沒想到因此發現K大的詳盡解說，也因此買了一本最近的著作。

我會努力學習，找到屬於自己在股市賺錢的方法。

玩股網看盤工具

站在巨人的肩膀上你才能看得更遠。

有了飆股搜尋，你也可以和全國第一的財經部落客楚狂人一樣不需看盤致富。

玩股網的飆股搜尋有何特別之處呢？

很多投資人在上班的時候其實並不能很自在地上網，太忙、老闆坐正後方、公司把投資相關網站都封鎖，所以大多數的投資者只能被迫等下班回家才能做選股的功課，如果能盤中就進場的話，每支股票多賺個2%是很可能的。

問題是：能不能在盤中就知道要買哪些股票。

其實現在也能在盤中就知道哪些股票是強勢股，是很有機會大漲的股票，只要參加投顧老師的簡訊會員就能在盤中收到內容為強勢股的簡訊，可是……我的老天爺啊！太貴啦！囧rz

　　大部分投顧老師的一般會員是收一季6~8萬，高級會員動輒20~60萬，這個價錢對於一般投資人來說真的太貴了，三個月20萬實在是負擔不起，想說加入相對便宜一點的一般會員還要擔心是不是簡訊傳來的都是高級會員已經賺飽要出貨的股票。玩股網的飆股簡訊通知解決你的投資困擾，一通簡訊只要2塊錢，讓你不會錯失強勢股，立即收到飆股通知，隨時隨地都可以輕鬆搞定投資。

　　飆股搜尋頁面在http://www.wantgoo.com/hot-tipsearch.aspx，如下圖（進入首頁後，點選上方飆股搜尋即可進入）進入飆股搜尋頁面後，再請點選左上方「飆股通知」即可開始輕鬆設定。

　　進入該設定頁面後，設定好你想要的選股條件設定。
我們幫您預設的多頭選股設定有十種類型和空頭選股七種類
型，您可以直接用預設選項，或是之前有自己設定過的飆股
條件（設定方法請看圖示）。

　　再把發送時間設定一下，預設是早上9:30到下午2:30，每半小時一次，也可以設定整點寄送或一天固定時間寄送一次就好。

　　你可能會想說如果從早上9:30到下午2:30每半小時一次，那不就一天收到好多封一樣的簡訊？

　　答案是並不會，俏秘書智慧系統非常聰明，它會自動檢測寄送內容，9:30那封會寄送比較多支，之後每半小時系統會自動篩選，有新的股票滿足選股條件才會寄送，沒有新股

票就不會重複寄，而且9：30以後寄送的簡訊內容也會只有新增加的股票名，第一封寄過的就不會再出現。

設定好按下「新增設定」，到你設定的時間就會自動把飆股搜尋系統選出來的股票寄簡訊到你手機。為了怕大家會錯失飆股，系統預設是會寄送全部選出的股票名，如果超過10支會分兩通，當然你也可以自己設定最多只要送一通就好。

簡訊內容會長得像這樣：

這樣每天只要花一點錢就能即時收到強勢漲倍股，而且這些股票還是根據你自己設定的條件選出來的，不像投顧老師報的不知道從何而來明牌，跟錯只能含冤套牢。

進場後還可以搭配俏秘書的停損停利通知功能，設定一下買進的股票價位和出場方式，等滿足出場條件玩股網會自動寄簡訊通知你。

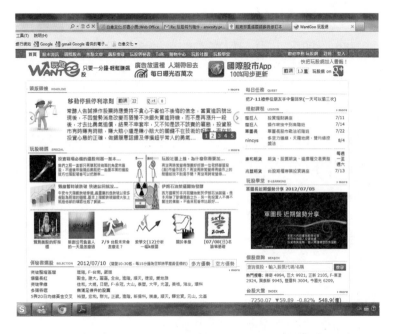

　　從今天起進出場都可以教給玩股俏秘書幫你搞定，投資可以很輕鬆愜意，再也不用看盤啦！

　　對了，這個功能不限只有自己可以用，不只可以寄給自己，還可以設定好爸爸、媽媽、朋友、同事的手機號碼，盤中就大家都能收到飆股簡訊通知。

　　這些功能是玩股網好野會員獨享的，如果要使用請先加入好野會員。

　　玩股網的特點：

・股價跳動和證交所同步，0秒延遲，並有自動更新股價功能，拿來看盤非常方便。

・除了台股以外，還可以看到美股期指、石油、黃金，以及國際股市的即時走勢，一樣是100％同步，報價更新速度超越所有網站。

・每個註冊會員都有自己的「個人部落格」、「好友功能」，可以自己寫操作心得或賠錢時吐苦水，高手玩家看到經常會傳授經驗，新手投資人也很喜歡一起互相漏氣求進步。

・股市俏秘書功能，可以任意選擇期限與超過十種選股條件任意搭配，高勝率的選股方式。還可以自由設定

停損停利點，觸價時會自動送簡訊到您手機。

· 多位財經作家駐站，定期會發表對台股or經濟情勢的精闢看法，投資人光是看文章學習都看不完。

· 自己寫文章來賣，所得的50%都可以直接領回家。例如賺了5000塊，可以申請領回2500。

軍團長短線飆股
獨門密技課程優惠券

軍團長短線飆股
獨門密技課程優惠券

看圖抓飆股：飆風戰法
張銘忠 著/玩股網出版

每張優惠券都享有500元現金折扣，沒有使用期限，報名或購買時說明持有折價券即可，一次限用一張。

更多相關資訊，請到：

 玩股網 http://www.wantgoo.com

軍團長短線飆股
獨門密技課程優惠券

看圖抓飆股：飆風
張銘忠 著/玩股網

每張優惠券都享有500元現金折扣，涉使用期限，報名或購買時說明持有折仍即可，一次限用一張。

更多相關資訊，請到：

 玩股網 http://www.wantgoo.

軍團長短線飆股
獨門密技課程優惠券

看圖抓飆股：飆風戰法
張銘忠 著/玩股網出版

每張優惠券都享有500元現金折扣，沒有使用期限，報名或購買時說明持有折價券即可，一次限用一張。

更多相關資訊，請到：

 玩股網 http://www.wantgoo.com

軍團長短線飆股
獨門密技課程優惠券

看圖抓飆股：飆風
張銘忠 著/玩股網

每張優惠券都享有500元現金折扣，使用期限，報名或購買時說明持有折即可，一次限用一張。

更多相關資訊，請到：

玩股網 http://www.wantgoo

軍團長短線飆股
獨門密技課程優惠券

看圖抓飆股：飆風戰法
張銘忠 著/玩股網出版

每張優惠券都享有500元現金折扣，沒有使用期限，報名或購買時說明持有折價券即可，一次限用一張。

更多相關資訊，請到：

 玩股網 http://www.wantgoo.com

軍團長短線飆股
獨門密技課程優惠券

看圖抓飆股：飆
張銘忠 著/玩股

每張優惠券都享有500元現金折扣，使用期限，報名或購買時說明持有折即可，一次限用一張。

更多相關資訊，請到：

玩股網 http://www.wantgo

回饋讀者，特別加贈

玩股網軍團長社團會期14天，價值2300元
玩股網進階會期14天，價值880元

編號: H1895　　　好康大放送
好野會期+軍團長社團會期各14天
儲值序號:
(請刮開薄膜)
登入玩股網帳號後，請至下列網址儲值
www.wantgoo.com/save.aspx
註：好野會期與社團會期無法分開儲值，將同時開啟權限。
玩股網wantgoo.com 客服信箱 service@wantgoo.com

請先免費註冊成為一般會員，以儲值序號加值為好野會員後，即可享以下權益：

1. 使用俏祕書人工智慧選股系統所有功能（包含進階版功能）。

2. 可於玩股網設定自選股，玩股網會自動設定停損停利價位，滿足價位時在盤中以手機簡訊通知。

3. 購買網站上所有投資文章，皆可享8折優惠。

本活動至2013年12月31日有效

玩股財經學堂（W002）

看圖抓飆股—飆風戰法

建議售價·470元

作　　者·短線飆派軍團長　張銘忠

發 行 人·楚狂人

出　　版·玩股網有限公司

地址：110 台北市信義區基隆路一段149號11樓

電郵：service@wantgoo.com　網址：www.wantgoo.com

電話：02-27671556　傳真：02-27671578

代理經銷·白象文化事業有限公司

台中市402南區美村路二段392號

經銷、購書專線：04-22652939　傳真：04-22651171

印　　刷·基盛印刷工場

版　　次·2012年（民101）十一月初版一刷

設計編印 白象文化 · 印書小舖
www.ElephantWhite.com.tw
press.store@msa.hinet.net

國 家 圖 書 館 出 版 品 預 行 編 目 資 料

看圖抓飆股—飆風戰法/短線飆派軍團長張銘忠著.
－初版.－臺北市：玩股網，民101.11
　面：　　公分.（玩股財經學堂；W002）
ISBN　978-986-88376-1-4（平裝）
1.股票投資　2.投資技術　3.投資分析
563.53　　　　　　　　　　　101018319